監修
長谷川眞人・吉村 譲・吉村美由紀

編
NPO法人
こどもサポートネットあいち

# しあわせな明日を信じて2

作文集
乳児院・児童養護施設の子どもたち
3年後の便り

福村出版

# はじめに

## 『しあわせな明日を信じて』の作文集続編を編集するにあたって

作文集編集委員会代表　長谷川　眞人

二〇〇八年に、日本福祉大学・長谷川ゼミナール学生とNPO法人「こどもサポートネットあいち」が中心となり、現場職員・現場経験のある研究者の協力を得て、『しあわせな明日を信じて――作文集　乳児院・児童養護施設の子どもたち』を出版することができました。本企画は、他の作文集と異なり、乳幼児期から青年期、施設生活経験者も含めて様々な年代の方に、これまでの生活、現在の思いや将来展望などを書いていただきました。また、単に作文を掲載するだけではなく、研究者、施設職員など様々な視点で作文から読み取れる子どもの思い、書いた時の状況などについてのコメントを付け、施設で暮らす子どもたちの思い、実態をトータルに浮き彫りにした本になりました。ぜひ、時間があれば今回の本と併せて読んでいただければと思います。

この本は、一冊完結の方法をとらないで、三年毎に書いていただくことを考えています。本書は最初の三年目になります。当初の発行の趣旨を活かして、三年後の追跡調査も兼ね、平成二二年度から二三年度にかけて、『しあわせな明日を信じて』の作文を書いていただいた方に再び書いていただくことをお願いしました。多くの方々に、乳児院や児童養護施設で生活している子どもたちの気持ちや施設生活の様子、施設を退所して社会で活動されている方の様子を理解していただく一助にと考え、作文集の発行を実現させることができました。

二〇一〇年五月に続編である本書を発行するために編集委員会を立ち上げて企画内容等を検討しました。当時の編集委員の大部分は大学を卒業していきましたので、後輩にあたるNPO法人「こどもサポートネットあいち」主催の児童福祉施設職員の養成講座を受講している学生が作業に当たってくれました。今回の企画としては、作文に加え、前回コメントをしていただいた担当職員と何人かの本人へのインタビューと、現在施設で生活されている高校生と施設を卒園された人たちの座談会、全国の施設入所高校生と職員へのアンケート調査の結果を第2章に載せることにしました。また、第3章には児童養護施設について少しでも読者の皆さんに理解していただけるように児童養護施設の現状と将来像をご紹介させていただきました。

前回ご協力いただいた方には引き続き三年後の様子を子どもに直接書いてもらうか、あるいは子どもから聞き取り、子どもが難しい場合は担当職員から聞き取りをさせていただきました。担当職員の方が変更（退職・施設変更等）された施設には、編集委員会から子どもを引き継がれた職員等にお願いをさせていただきました。今回は時間の関係もあり、研究者からのコメントは省略させていただきました。また、今回続編を発行するに際して、前回同様にプライバシーに配慮してすべて仮名とさせていただきました。

本書は、書いてくれた子どもたちがどんな生活をし、どのように成長、発達をしているかの追跡調査とも言える本です。したがって、子どもたちがどのように変化、発達し、人生をどう生きて生活をしているかを知っていただく貴重なレポートでもあります。ぜひ、じっくりと子どもたちの作文および職員のコメントを読まれて、今の児童養護施設で生活している子どもたちやすでに卒園された方の気持ちを理解していただければ幸いです。

## 引き続き『乳児院・児童養護施設の子どもの作文集』を発行する趣旨

本書は、多くの一般市民の方々に乳児院や児童養護施設で生活している子どもたちや施設を巣立っていった子どもたちの気持ちを理解していただく一助にと、三年毎に継続して発行する作文集として二〇〇七年に取り組みました。

二〇〇七年の作文集にも故小川利夫先生（名古屋大学名誉教授）の言葉を載せさせていただきましたが、かつて一九九二年に『春の歌うたえば――養護施設からの旅立ち』（ミネルヴァ書房）（「養護施設」は、現在は「児童養護施設」と名称が変更されています）を出版した時の故小川先生の序文を今回も紹介させていただきます。今の時代でも非常に大切に持ち続けてほしいとの願いを受け継ぎたいと思います。

「人のしあわせ、それは人と人とのふれあいの豊かさと深さにある。……。かつて夏目漱石は長塚節の小説『土』への序文のなかで、東京をさること十数里の田舎（茨城県結城郡）に、いまなお、このように貧しく悲惨な生活に耐えて生きている人びとがいる。それらの生きざまを是非私の娘にも知らせたい。読ませたいと書いているが、同じような思いが、いま私をとらえている。楽しく面白い本だから読めというのではない。こうした生きざまを直視するのは、〝やりきれない〟が、それが現実である限り、それを直視しつづけ、たとえ書物をとおしてであれ、それらの人びとの生きざまにふれ、苦楽を共にしていくことが、私や私たちの人生にとって貴重であり、大切な意味をもっているように思われる。だから読んで欲しいのである。……。

本書は養護施設児童の生活記録、とりわけ施設を巣立ってからの波乱に満ちた人生の証言の書である。……。ともすれば私たちが見失いがちな人と人とのふれあいの大切さが、さまざまな場面や局面をとおして浮き彫りにされている。……。それらの生きた生活の記録、その人生の軌跡には、私たちには欠けているものが、むしろ、豊かに深く蓄積されているように思われる。生まれ落ちてからこの世で彼らがまず見てきたものは、悲しみの対象のみであった。貧困な家庭、父母や家族の離散等々、どれひとつとってみても地獄の日々であった。反抗なしには生きられなかった。しかし、彼らにも彼らをつつみこんでくれる人びとがいた。生きる意欲と暖かい思いやりの大切さを思い知らせてくれる人びとがいた。それはいまの世にはびこる金や虚栄とは無縁なものであったが、彼らの自立と生きる夢をささえる糧となった。……。子どもの福祉と教育の権利の実現を願う人々すべてに、是非本書を手にとって読んでほしいと思う。彼らとともに生きる力は、そこからきっと湧いてくるにちがいない」

貴重な示唆に富んだ意見として本企画に生かしていきたいと思います。

もくじ

はじめに　3

第1章　生活のなかで思うこと・願うこと
——施設で生活している子どもたちと卒園者の声と職員インタビュー　15

1 乳児院の子どもたち　16

お母さんと同じ保育園に、元気に通っています　金田 美咲（四歳・女児）　16

『お家に帰った美咲ちゃん』……職員 山本 さやか　18

さみしい気持ちがいっぱいなのかな　伊予田 駿（五歳・男児）　22

『お手伝い大好き駿君』……職員 森 志郎　23

## ❷ 児童養護施設の子どもたち　29


新しい里親さん　木村 舞（小五・女子）　29

『舞ちゃんに新しい里親さんが』……職員 神谷 誠　31

新しい施設での小学校生活　後藤 志保（小四・女子）　34

『志保ちゃんの学校生活を見守りながら思うこと』……職員 中西 裕子　36

わたしもがんばるから、ゆかりも施設でがんばって　武藤 ゆかり（中三・女子）　39

『小六から中三へと卒業後の進路をひかえ、母親との揺れる心』職員 鈴木 百合　41

福祉コースのある高校へ　小林 晃（高二・男子）　44

『僕の生い立ち』……小林 晃　46

『高校生活と母親のこと』……職員 杉井 恵美　48

将来は、調理師になるのが目標　田中 和夫（高三・男子） 56
『施設の思い出』……田中 和夫 58
『施設を出て、これから』……職員 加藤 茂樹 61
進学と就職の間で　近藤 隆志（高三・男子） 74
『就活中のあなたへ』……職員 横山 彩 75

3 羽ばたいていった子どもたち 86

いつでも施設に遊びにおいで　榊原 舞子（一六歳・女子） 86
『家庭復帰した後のこと』……職員 加藤 真紀子 88
今はまだ、答えがないのもひとつの答え　田中 愛（一九歳・女子） 93
『私の今の気持ち』……田中 愛 94

『進学して悩みながら成長していく』……職員 八木 洋次郎 98

安心できる「居場所」で、自分らしく生きたい 橘 渚（二一歳・女性） 110
『私にとっての家族のその後……』……橘 渚 111
『家族との実生活から考える』……職員 山本 純也 116

大学進学、その後…… 上田 翔（二一歳・男性） 124
『夢に向かって歩いているのだろうか』……職員 工藤 光一 125

育児が楽しい毎日、いずれは保育士資格を 斎藤 梨奈（二八歳・女性） 126
『私が進むべき道を教えてくれた夫に感謝』……斎藤 梨奈 128

いろんな人に助けられて、独りぼっちじゃなかった 鈴木 あゆみ（二六歳・女性） 132
『あれから……』……鈴木 あゆみ 134
『自立までの道のり』……職員 村山 明日香 136

今も、昔と同じ野球チームのメンバーで　深津 俊哉（四五歳・男性）　143
『私と児童養護施設』……深津 俊哉　144
『二一年間続く卒園生の野球チーム』……職員 木股 聡　148
作文集あとがき　150

第2章「児童養護施設における高校生・職員のアンケート調査」および「高校生・卒園者の座談会」から見えてきたこと　153
はじめに　154
❶ アンケート調査および座談会の概要　155
❷ 安心できる生活づくりに向けて　160
❸ 施設における将来の進路選択の課題――大学進学等をめざして　180

おわりに 201

## 第3章　今・そして未来へ——児童養護施設の現状と将来像 203

❶ 児童養護施設のはじまり 204
❷ 児童養護施設の分類 205
❸ 児童養護施設の目的 208
❹ 児童養護施設の現状 209
❺ 児童養護施設における生活づくりを考える 217
❻ 児童養護施設における自立支援の取り組み 219
❼ 児童養護施設の課題と将来像 224

## 第4章　社会的養護への提言　229


『私が思い描くこれからの社会的養護』……蛯沢　光　230
『退所した子どもたちにできることとは』……藤田　哲也　236
『乳児院における物語の生成』……千坂　克馬　241
『社会的養護を必要とする子どもたちの自立支援の現状と今後の課題』……平井　誠敏　245
『わたしの考える社会的養護』……牧　真吉　249
『機能障害をもち、かつ養護性のある子どもたちの社会的な支援の充実を』……木全　和巳　253

おわりに　257


本文中の子どもたちおよび職員の氏名は、プライバシー保護のため、すべて仮名を使用しています。

# 第1章

## 生活のなかで思うこと・願うこと

――施設で生活している子どもたちと卒園者の声と職員インタビュー

# 1 乳児院の子どもたち

## お母さんと同じ保育園に、元気に通っています

金田　美咲（四歳・女児）

### 三年前の作文集

三年前の作文では、乳児院で暮らしている美咲ちゃんの様子を職員の方がていねい

に書いてくれました。乳児院にやってきた当初は視線が合わなかったり、抱きにくかったりとちょっと気になる子でしたが、だんだんと可愛らしい笑顔をたくさん見せてくれるようになりました。生後八カ月頃から両親の元に帰省するようになり、両親も美咲ちゃんの成長を楽しみにしていました。けれどもどんどん動き回れるようになり、ひどくぐずったりするようになると、両親が対応に困るようにもなりました。乳児院では両親の元か、児童養護施設で暮らしたほうがよいのか、迷っていました。

## これまで

美咲ちゃんは生後三六日で乳児院に入りました。未婚の母親は妊娠中も薬物を服用し続け、「死ね」と言いながらお腹を叩いたりするといった『胎児虐待』をしていました。そのため医師から児童相談所（以下、児相とする）に連絡があり、乳児院に入所しました。入所後は、両親で面会に来てくれるようになりました。両親と一緒に生活できるようになることを考えていましたが、両親とも病気を抱えているため、心配なこともたくさんありました。そのため美咲ちゃんは乳児院から児童養護施設に措置変更になりました。

# 『お家に帰った美咲ちゃん』

職員　山本さやか

美咲ちゃんは、二歳半まで乳児院で生活し、精神的な問題を抱える両親の体調と気持ちに左右されながら成長してきました。両親は乳児院との信頼関係を築きながら、美咲ちゃんの成長を楽しみにし、生活をがんばっていました。乳児院での宿泊体験を重ね、外出、自宅外泊など、両親のペースで親子関係を築いていきました。入所前に懸念されていた子どもへの虐待は、親子関係を見ていく中では心配はなくなっていきました。ただ、母親の感情の起伏の激しさには、父親も振り回されていました。そんな両親の元に引き取られることへの心配が解消されなかったため、児童養護施設への措置変更となりました。それから、外泊を繰り返し、半年後に家庭引き取りになりました。

家庭引き取り後、母親が、美咲ちゃんの小さくなった服をたくさん、乳児院の子どもたちに、使って下さいと持参されました。両親の後ろに隠れて、はにかんでいる美咲ちゃんがいました。しばらくして、少し慣れると美咲ちゃんは両親の前に出てきて、はにかみながら小さな声で話してくれたりしました。その後の連絡では、母親の育った家を改築し、転居したとのことでした。美咲ちゃんも、母親が通っていたという保育園に入り、母親のことをよく知っている先生もいたので安心してますとのことでした。

美咲ちゃんは保育園で、お友だちと一緒に遊べません。同じようにお友だちと遊べない子がいて、その子と一緒にいることが多いようです。自分の気持ちが伝わらないとパニックになり、自分の頭を叩くこともあるとのことです。そんな美咲ちゃんですが、電話で様子をたずねると、母親は「元気に通ってますよ」と話してくれました。家の方に訪ねてもいいですか、と聞くと、「いいですよ。でも犬が三匹いるし、汚れていますよ」と答えてくれました。以前アパートを訪ねたときのチリひとつ落ちてなく綺麗に整理されていた部屋が忘れられません。

母親に「また施設に遊びに来て、美咲ちゃんの大きくなった姿を見せてくださいね」と言うと、「また顔を出します」と明るく電話を切りました。

## インタビュー

＊美咲ちゃんのことで印象に残っていることは?

職員　山本さやかさん（以下山本）　両親が精神的な病気のために、妊娠中から問題があった。こういった家族への対応ができるのかという心配があった。しかし、親の気持ちに沿って対応していくことにした。児相からは、育児体験を両親にしてもらい、引き取れるようにして欲しいと言われていた。いろいろな人から見通しが甘いと言われたが、親の気持ちに沿うために、細かなルールといった縛りをなくした。来たいと言ったら二四時間いつでも来てもらい、二四時間いつでも電話してきてよいことにした。現場からは反発もあった。けれども、それが両親と施設との関係作りにつながり、両親はリラックスすることができた。母親は、病気のために感情の起伏が激しく、妊娠中に不適切なことがあったため、自分で産んだ子を自分で抱くことができないなどの悩みを持っていた。母親は強く主張する人であり、父親は母親の言いなりであった。電話はいつでも父親が話し、後ろに母親がいて指示するといった状況だった。

＊頻繁に面会や電話などはあったのですか?

山本　頻繁にあった。夜中でもあった。そういった状況からこの施設は自分たちのことを分かってくれるという気持ちになっていったのだと思う。半年から一年は面会を中心にして、ミルクを飲ませるなどの引き取る準備を一緒にした。子どもに危害を与えないことが分かった時点で外出を許可した。しかし、調子の悪いときはＳＯＳを出すように話しておいた。また、児相、病院、保健師、民生委員などでネットワークをつくり、家に帰ったときの状況を知らせてもらった。関係ができてくると母親は自分が虐待を受けて育ってきたことなど、自分の生い立ちを話すようになった。その後、児童養護施設に移行することになった。そのころには生活は落ち着いていた。しかし、経済的な面が心配だった。

＊美咲ちゃん自身はどんな子でしたか？

山本　表情はよい子だった。両親にいろいろな所へ連れて行ってもらっているので、社会性はあった。体格もよかった。けれども発語が少なく、積極的に子どもたちの中に入って行こうとはしなかった。

# さみしい気持ちがいっぱいなのかな

伊予田　駿（五歳・男児）

## 三年前の作文集

乳児院で育っていく駿君のことが施設の記録日誌をもとに書かれました。たとえば二七九日目には一歩前に足を出せるようになったとか、四三二日目には「モウヒトツ」と言えたなど、成長の様子をたどることができます。そしてすくすく育っていく駿君を温かく見つめている職員の皆さんの雰囲気が伝わってきます。

## これまで

駿君は、生後六一日目にネグレクトとして、児相に一時保護されました。

母親は一八歳でした。母親自身も父親からの虐待を受けて育ち、中学校卒業後、家に寄りつかなくなってしまいました。母親自身、駿君を育てたい気持ちを持っていたのですが、一方で、駿君を放置したまま出歩くなどのネグレクトが認められたため、乳児院入所となりました。その後、乳児院から児童養護施設に措置変更になりました。母親や祖母の面会もありました。けれども母親は駿君の下に二人の子どもができたために、駿君を引き取ることができないままです。

## 『お手伝い大好き駿君』

職員　森　志郎

駿君は五歳になり、幼稚園へ元気に通っています。幼稚園から帰って来て遊んでいるときとか、幼稚園がお休みの日など、よく乳児院の事務所に来ます。明るく弾んだ声で「お手伝いなにかありますか」と言いながら飛び込んできます。栄養士さんが「駿君、玄関の落葉、拾っといて」と言うと「ハーイ」とすぐに落葉拾いをしてくれます。「ハーイ、終わりました。他になにかないですか」と言うので、「では、前の小さな畑の草取りお願いします」と言うと「ハーイ」と草取りを始めます。

「草取り終わりました」

「駿君ありがとうね、綺麗になったね、手洗ってね」

「ハーイ」

「今日はアメがあるからあげるね」

「ハーイ、ありがとう」とニコニコ顔でアメを口の中に入れます。

「駿君、お母さんは会いにきますか?」

「来ない」

「おばあちゃんは会いにきますか?」

「来ない」

「ずっと来てないの?」

「ずっと前に来た」

「そうなの。お母さんもおばあちゃんも、駿君が大きくなって幼稚園がんばっているのを見に来てくれるといいのにね」

「うん。お手伝いもうないの？」

「今日はないよ、ありがとうね」と言うとホームに戻っていきます。駿君は決まって一人で来ます。ときに時々「お手伝いなーい？」と事務所を訪ねてきます。アメがあるときはあげていました。「窓ふきしようか？は「アメちょうだい」と要求してきます。

草取りしようか？　玄関綺麗にしようか？」など、駿君なりに考えて声かけしてきます。

ある日、駿君がきて「アメちょうだい」と言うので「いいよ、あげるよ」と言うと、「ホームに電話して、駿君にアメあげたいのだけどいいですかと、聞いてほしい」と言います。「ホームでアメもらったらダメって言われたのかな？」と聞くと、「なにも！　でも、駿君に食べてもらいたいからアメあげてもいいかって聞いてよ」とあわてて言うのです。そんな駿君の姿を見て、ちょっとうれしい気持ちになりながら「アメ、食べてもいいよ。でも、ちゃんと晩ごはん食べれるかな」と尋ねると、「うん！」と言って美味しそうに食べて帰っていきました。

## インタビュー

＊駿君について印象に残っていることは？

職員　森　志郎さん（以下、森）　とにかく愛嬌がよい子だった。笑った顔が素敵な子だった。駿君の母親は若く、父親は定職もなく住所も定まらないような人だった。きょうだいは上に一人、下に二人いた。

＊姉や下の子たちは母親と暮らしていたのですか？

森　姉は、施設で生活していた。下の二人は祖母と母親と暮らしていた。下の子たちも施設に入ってくるだろうと思っていたが、祖母と母親と暮らしていた。結局上の二人が置いてきぼりになってしまった。

＊引き取ってもらえなかったのは下の子の世話がたいへんだったからですか？

森　下の子の世話でたいへんというよりも、お母さんはどうやって子どもを育てたらよいのかわからなかったのかもしれませんね。乳児院にいたときも母親は来たり来なかったりだから、駿君と手をつないで歩くという関係までいかなかったと思う。駿君は、母親が来ても『誰だろう』という感じだった。祖母はしばしば面会に来ていた。

児童養護施設に措置変更になってからは、「お母さん」「おばあちゃん」という認識はできるようになった。「お母さん来た？」と聞くと、「来たよ」と答えていた。「昨日来た？」と聞くと「ちょっと前に来たよ」と言う。ただ、「来たよ」とは言うけど気持ちが伝わってこない。児童養護施設で生活するようになってからの面会では、母親と祖母と手をつないで歩けるようになった。おばあちゃんはとても喜んでいた。散歩に行ったり、買い物に行ったりできるようになった。そんなふうに関係が築けそうになっていたときに、下の子が生まれたから駿君とまた距離ができてしまった。年子で生まれてきているから、残念というか……。今でも児童養護施設の隣にある乳児院に「なにか手伝いない？」といって訪ねてくる。さみしいから相手をしてほしいという気持ちがあるようだ。児童養護施設の担当職員が一年で辞めてしまって、彼を受け止めてくれる人がいなくなってしまった。本当は他の職員が受け止めなければいけないのだけれど、できていないから、隣にある乳児院に来る。

一番気になる言葉は「内緒だよ」と言うこと。まだ幼稚園の年中なのに周りに気遣いをしている。そういった言葉が彼の生活を物語っているのかなと感じる。同じ施設にいる駿君のお姉ちゃんは職員が受け止めてくれている。本当は二人とも受け止めなければいけないが、担当以外はあまり関われないのだと思う。駿君は生活の中で疎外感を感じていると思う。それが一番気になる。たぶん、この姉弟は施設でずっと暮らすことになると思う。陰でこそこそしたり、内緒という寂しい部分がいっぱいあるのが気になる。どの子も受け止めなければならないという話は児童養護施設の職員に以前に話したのだけれど、なかなか難しいようだ。

＊入所のきっかけはネグレクトですか？

森　はい、駿君もお姉ちゃんもネグレクトです。

＊母親と祖母と会えていますか？　電話連絡はどうですか？

森　会えるのは面会のときくらいだと思う。電話はないと思う。

＊弟たちとは会っていますか?

森　しっかり確認をしたわけではないけれど、一度も会っていないと思う。面会のときも連れてきていないのではないだろうか。

＊乳児院と児童養護施設の連携はどのようにしていますか?

森　乳児院から児童養護施設にいろいろ伝えてはいる。しかし、駿君の場合、担当の人が一年で辞めてしまった。それが一番大きい。いろいろな事情で辞めることはありうるので、そのあとのフォロー体制が十分ではなかった。

## ② 児童養護施設の子どもたち

### 新しい里親さん

木村　舞（小五・女子）

三年前の作文集

舞ちゃんが、里親との生活について書いています。里父は優しかったのですが、里母と喧嘩をして出て行ってしまいました。舞ちゃんは、里母は舞ちゃんが食事を食べるのが遅かったり、玩具を片付けなかったりすると、怒ったり、髪を引っ張ったりするため、好きではなかったことを素直に書いていました。

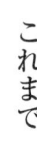

## これまで

舞ちゃんは関西地方の病院で生まれました。生まれたとき舞ちゃんは未熟児であったため、他の病院へ転院となりました。その後、実母と連絡が取れなくなったため、母方の祖母が舞ちゃんを引き取りました。けれども祖母も舞ちゃんを育てられなくなり、乳児院に入所しました。そして児童養護施設に措置変更となりました。二歳三カ月のとき、里親さんに出会い、里親委託となりました。しかし預けられて半年が過ぎた頃、保育所から「一カ月前からこぶやアザ、内出血などがあり虐待の疑いがある」と児相に通告がありました。児相が調査をすると、里母からの虐待が確認されました。里母は「我慢できなくてカーッとなってしまうことがあり、手が出ることもある」と話しました。里親さんとの生活は一年もたたずに終わり、舞ちゃんは再び施設で暮らすことになりました。舞ちゃんは誰にでも甘え、自分を見てほしい、認めてほしいという気持ちが強く、マイペースなところがあります。

## 『舞ちゃんに新しい里親さんが』

職員　神谷　誠

学校から帰り、事務所の前を通って居室に向かうとき、舞ちゃんは必ずのぞいて笑顔を振りまいていきます。「舞ちゃん、学校楽しい？」「楽しいよ」「なにが楽しいの？」「担任の先生が面白いから、みんな笑ってるよ！」勉強があまり得意でなかった頃の舞ちゃんからは想像できない明るさです。「舞ちゃん宿題は？」「あとで！」と言って外に飛び出していきます。結局は宿題ができなくて、叱られて机に向かわされて、鉛筆を転がしている姿が浮かびます。

少し前に新しい里親さんの家に行ったと話していたので、たずねてみました。

「舞ちゃん、夏休み、里親さんの家に行ってきたの？」

「行ってきたよ。いろんな所へ連れて行ってくれたよ」

「どんな所に行ったの？」

「いろんな所」

「そうなんだ。楽しかった?」

「楽しかったよ。里親さんの家、大きい家で、大きな仏壇があって、行くと前に座って拝むの。でも、家(施設)はキリスト教だから、私どっちを信じたらいいのかと思う」

と話してくれました。

「舞ちゃん、里親さんは週末にはいつも遊びに来てくれるの?」

「最近は来ていないよ」と言いました。

## ■■■ インタビュー ■■■

*現在の舞ちゃんついて教えてください。

職員 神谷 誠さん(以下、神谷) マイペースで「私だけを見てほしい」「受け入れてほしい」という行動が多いです。特に、大人に対して自分の思い通りになる人を求める傾向があって不安定です。そういった舞ちゃんを職員は受け止めきれていないと思います。舞ちゃんをすべて受け止めて、見てくれる環境には家庭が良いのではないか、と考え、また里親になってもらえる家庭を探しています。

**＊里親委託が舞ちゃんにとって最もよいことだと思いますか。**

神谷　児相はそう考えています。とことん舞ちゃんと向き合うことのできる里親と出会えればよいのですが、一回失敗しているので里親委託には慎重にならなければいけないと思います。里親委託を考える前に、施設の中で「落ち着いた生活を送ることができる」という経験が必要だと思います。

**＊以前里親だった家族との交流はあるのですか。**

神谷　現在、交流はありません。

**＊舞ちゃんが職員さんとの関係をうまくつくれない理由は何だと思いますか。**

神谷　舞ちゃんは「自分を見てほしい、認めてほしい」という気持ちを抱えています。でも、舞ちゃんは苦手なことが多く、それに対しての舞ちゃんの意識も低いため、周囲の人はもどかしく感じます。舞ちゃんを見ていると「また○○ができない」「○○をやっていない」などとマイナスの面ばかりが目についてしまいます。けれどもそういった面ばかりを責めるのではなく、舞ちゃんの気持ちに寄り添い行動していくことで、信頼できる人間関係の場をつくっていかなければならないと思います。

＊これから舞ちゃんが生きていく上で大切なことは何だと思いますか。

神谷　舞ちゃんに対する願い、課題、将来のビジョンなどを職員間で話し合うことが大切だと思います。習い事でも趣味でもいいので、舞ちゃんががんばれることを見つけてあげることが大切です。

# 新しい施設での小学校生活

後藤　志保（小四・女子）

## 三年前の作文集

小学校一年生の志保ちゃんが、覚えたばかりのひらがなで一生懸命に、お母さんが好きなこと、姉たちも好きなこと、そして施設の生活も好きだからずっといたいことを書いています。それは彼女の本当の気持ちかどうかはわかりません。

彼女の一つひとつの言動について、職員の方が彼女の生い立ちを理解した上で、どのように考え、どのようにしていこうかといったことを詳細に書かれています。

## これまで

志保ちゃんは生後二カ月のときに父母の拘禁という理由で両親の元から乳児院に緊急保護されました。乳児院の退所を迎えますが、家庭に帰ることはできず、児童養護施設に入所することになりました。

志保ちゃんが二歳のとき、三人の姉たちも同じ児童養護施設に入所しました。その頃は母・祖父母の面会もあり、家族との関わりが増えました。姉三人は小学校入学と同時に母親に引き取られました。けれども、志保ちゃんは幼いことや食物アレルギーがあるといった理由のため、施設に残ることになりました。志保ちゃんが小学校に入学してからは、母親からの連絡も面会も全くなくなりました。志保ちゃんが小学一年生の三学期に地域小規模児童養護施設（以下、地域小規模施設とする）で暮らすため

の承諾を得ようと母親に連絡を入れたところ、急に引き取ると言いました。けれども
その後、母親からの引き取りについての連絡は全くありませんでした。そのため母親
宅に複数回足を運び、なんとか地域小規模施設への移行を理解してもらいました。志
保ちゃんは小学校二年生になり、地域小規模施設での新しい生活が始まりました。

# 『志保ちゃんの学校生活を見守りながら思うこと』

職員　中西 裕子

## 地域の方々に見守られて（二年生）

志保ちゃんは小学二年生になり、地域小規模施設の生活が始まりました。食物アレルギーは完治し、なんでも食べられるようになりました。けれども新しい環境・人間関係に戸惑い、分団での登校はできず、学校・施設内でも排泄の失敗が目立ちました。職員と一緒に登校し、下校のときは、担任の先生の配慮で近所の同級生や町内のスクールガードのおじさんに家まで

送ってもらうようにしました。志保ちゃんは「スクールガードのおじちゃん、おばちゃんと話しした」と嬉しそうに話します。学校からの帰り道にトイレにいきたくなったとき、近所の家にトイレを借りに行けるようになりました。同じクラスに友達もでき、少しずつ地域小規模施設の生活にも馴染んできました。

根が真面目な志保ちゃんは、クラスの中でみんなと同じように行動し、特に問題はないと担任からは言われていました。しかし校長先生は、志保ちゃんの行動を心配していました。志保ちゃんは、勉強はやらなくてはいけないとがんばるのだけれど、わからないためにパニックになることもしばしばありました。そのため特別支援学級に入ることについて学校と施設で話し合いました。

特別支援学級在籍（三年生　たんぽぽ組）

志保ちゃんの悩みは「たんぽぽには女の子、志保しかいないもん」でした。他は男の子ばかりだったのでたんぽぽ組での友人関係の広がりはありませんでした。二年生のときの友達との関係は細く続いていたので、電話をかけ約束をしては児童館や公園で遊ぶ姿は時々ありました。

勉強は、志保ちゃんの真面目で根気よく取り組む姿を担任の先生は認めてくれ、ずいぶん伸びました。パニック状態も減り、伸び伸びとした綺麗な文字がかけ、算数も理解できるようになり、自信へと繋がってきました。

## 部活動（四年生）

四年生になり、志保ちゃんは憧れだったファンファーレ部に入部しました。「志保、たいこがやりたい」と希望を出しましたが、トランペットになってしまい、「志保たいこがよかったのに、トランペットだから音がでなくて、難しいもん」と悩みが始まりました。それでも練習には毎日参加して『ド～ソ』まではなんとか音が出るようになりました。

しかしファンファーレ部は九月の運動会に向けて猛特訓をしなければなりません。「志保、音が出ないからテスト受けられない。わかんない」と、どんどん他の子らから引き離されているのが現実です。パート練習の自主練習になると、どうしたらよいのかわからず、ボーっとしている時間が多くなりました。そんな志保ちゃんの姿を顧問の先生も気になったようで、話し合いをしました。志保ちゃんに部活のことを尋ねると、「どうしても音が出ない。一人で練習するとき、どうしたらいいのかわからない。でも音が出るようにしたい」と自分の気持ちを話してくれました。

その気持ちを顧問の先生に伝えましたが、「ファンファーレ部は部活なので、ある程度のレ

ベルが必要です。けれども今の状態だと皆と差ができてしまうため、運動会の参加は難しい」と言われました。本人の続けたいという気持ちを大切にしたいと思いながら、志保ちゃんなりの達成感と自信に繋がるように模索中です。

## わたしもがんばるから、ゆかりも施設でがんばって

武藤　ゆかり（中三・女子）

### 三年前の作文集

施設に入った当初は不安が大きかったのですが、たくさんの変化もありました。そのひとつが母親との関係でした。以前は、些細なことで怒られたり叩かれたりしてい

ました。現在はそのようなこともなくなり、親子関係はやわらかなものになりました。けれども施設で生活し、あまり会わなくなったためか、優しくなった母親に対して素直に甘えられなくなってしまいました。自分では気を使っていないつもりでも、ちょっとした言葉で無意識に涙が出ることもあります。ですから、「これからは少しわがままになってみようかな」と三年前の作文でゆかりさんは書いてくれました。

## これまで

ゆかりさんは小学三年生の頃に両親が離婚しました。それがきっかけとなり、ゆかりさんは父と母の間をいったりきたりするようになりました。親権は母親が持つことになりましたが、母親は精神的に不安定な状態でした。母親はゆかりさんを養育する意思がなく心理的な虐待も認められたため、彼女は弟とともに児童養護施設に入所しました。そして中学三年生になり、これからについていろいろ考えています。

## 『小六から中三へと卒業後の進路をひかえ、母親との揺れる心』

職員　鈴木 百合

ゆかりさんは小学六年生から中学三年生になり、進路で不安な生活を送っている中で、疎遠であった母親と少しずつ心を寄せていたのが、またいつの間にか遠ざかっていくようになっていた。中学生活三年間、一生懸命にバスケットボール部の副キャプテンとして活躍し、引退試合後には、優秀選手賞にも選ばれたが、「なぜ自分なのか、何もがんばっていないのに……」とその答えを職員に探し求めている。揺れ動く思春期、遠慮がちに気使う母親との関係は、まだまだ続きそうである。

ゆかりさんは中学に入り、バスケットボール部に入部した。この三年間サボって休んだことは一度もなく、副キャプテンになった。彼女のプレーそのものは飛び抜けて上手くはないが、先生に言われたことは真面目に練習メニューに取り入れ、他の部員をグイグイ引っ張っていく強引さと、スタメンに出られないときは一番大きな声で応援することが認められての副キャプテンである。ただ思ったことを遠慮なく、なんでもボンボンと言うので、どの部員にも、彼女には逆らえないという印象を与えてしまっているのは本人も分かっているらしい。そのことがクラスでも表面化し、一時彼女がクラスの中で孤立するということも生じた。

また、キャプテンが「言えない子」だから自分が代わりに言ってやるという役割に徹していると も受け取れる言動が随所に表れ、同時に「言わずにはいられない」という彼女本来の性質が時としてトラブルメーカーになっているのは小学生のときと同様である。

中三になり、足首の靭帯を損傷して約一カ月以上部活に参加できなくなったとき、彼女は悔し泣きをし、その怪我の原因になった相手（一年生）をとことん許せずにいた。ゆかりさんは友人を許せない気持ちを抱えながらも、しかし気持ちを切り替えて、三年生の最後の引退試合間際には、施設職員や父親（親権者ではない）、そして、やっとのことで連絡のとれた母親に「見に来て」と言い、「皆が見に来る！」と張り切っていた。

試合当日には、来てくれた母親を友達に紹介し、友達の親と一緒に写真を楽しく撮る姿がとても印象的であった。その引退試合で彼女は優秀選手賞をもらったのだが、なにやら納得のい

かない様子は前文の通りである。

中三のときの進路についての話し合いでは本人、母親、児相、施設との間で揺れ動く彼女の心と母親の、各々の思いを垣間見ることができ、今後のファミリーソーシャルケアや児相のあり方にも一石を投じるものがあった。

ゆかりさんの中学卒業後の進路については、母親は夏休み前から児相と話をしていた。そして児相、本人、施設の三者での話し合いも何回かあった。けれども一番大切なゆかりさんと母親の話し合いが、母親へのプレッシャーが大きすぎるという児相の判断で実現されずにきてしまったことが、後々に親と子の深い溝として残ってしまうことになっていった。

そして、年の瀬も押し迫った一一月になり、やっと母と子の当事者同士の話し合いが実現した。そのときの話し合いでは、ゆかりさんは自分の希望を「母親と一緒に住み、そこから高校へ通いたい」と少し遠慮気味に言っていた。それに対し母親は、金銭的なことや祖父母の健康状態がよくない中での引き取りはできないことや、母親の今の仕事が正社員となり、これからは「上を目指していくので心に余裕がない」「あと三年は施設でがんばってほしい、そして三年後には、生活も楽になり、そのときにゆかりと弟も引き取り、自動車学校にも通わせ、車も買えるので」と、私もがんばるからゆかりも施設でがんばってほしいという母親の話に、ゆかりさんは「私の一緒に住みたいという理由よりも母の方が重いから」と返事をした。

施設から高校に行くことの大変さ、また様々な制約が生じてくるのも心配である。しかし、そんなことよりも、ゆかりさんが中学へ入ってからは、以前よりも増して母親は長期休暇（夏休み等）以外は全く面会もなく連絡もなかなか取れなくなっていた。ゆかりさんや弟からの連絡にも応えず、やっとのことでつながるという状況が続いていた。ゆかりさんたちも施設もかなり不安を感じていることから、ゆかりさんの中学卒業というこの機を逃したら次の家庭復帰はないのでは、との思いが頭をよぎる。

このような三者三様の思いの中で、今後は施設としてこの姉弟の家庭復帰までの三年間、母親とその家族を巻き込んだ支援計画を立て、ロードマップを作り、見立てをどこまでしていくのか、その重要性を痛感した。

# 福祉コースのある高校へ

小林　晃（高二・男子）

## 三年前の作文集

晃君は両親との生活はなにも覚えておらず、兄や姉がいることも施設に入ってから知りました。施設で一二年間暮らしてきましたが、思い出もあまりなく、やっと思い出したことは五歳のときの七五三詣りで飴をもらったことでした。晃君は、母親とは会ったりしていますが、将来は一緒に暮らすことは考えていません。今はとにかく高校に進学したいとのことでした。

## これまで

晃君は、市民病院で仮死状態で生まれました。九日間入院して、そのまま乳児院に入所しました。二歳で児童養護施設に代わり、ずっと施設で暮らしています。晃君を産んだとき、母親は四一歳でした。晃君と他の八人の兄弟は異父兄弟です。晃君の父親はわかりません。母親は晃君を妊娠中に妊娠中毒症になり、養育が困難になったため下の三人の子どもたちを先に児童養護施設に入所させました。母親は経済的自立能力も育児の意思もなかったため、晃君も施設に入ることになりました。

# 『僕の生い立ち』

小林　晃

　今、僕は高校二年生になりました。三年前の作文集に「将来の目標とかはまだ分かりませんが、とにかく高校に入りたい」ということを書きました。そして目標通りに高校に進学することができました。

　僕が生活している施設の周りには、それ程多くの高校があるわけではありません。それで、その中からどの高校にするのか、どの科にするのか、通学方法などを学校の先生や施設の職員の人と相談して決めました。その頃はまだ将来的な職業とかは具体的に考えていませんでした。でも日頃から小さい子と関わることが好きだったので、高校は福祉コースのある学校を選びました。福祉コースでは一般教科に加えて調理や被服など、就職に役立つ学習もしています。僕たちの身近にいる施設の職員の人の仕事を見ているから余計にそう思ったのかもしれませんが、できれば高校卒業後は福祉関係の短大や専門学校に進学して、施設の職員になりたいと思っています。そのためオープンキャンパスや学校説明会、職業説明会にも時々参加しています。進学費を貯めるために今年からバイトも始めました。進学費以外にもバイト代で携帯電話を購入し、毎月の通話料も自分で払っています。でもバイト代はあまり多くないので、できるだけ節約しています。

高校に入ってからの僕は、色々な面で中学校のときより交友関係や行動範囲が広がりました。高校からの帰りが遅かったりバイトなどで施設にいる時間は中学の頃より少なくなったけど日常的な手伝いや施設の行事にはできるだけ参加して、高校生としての役割も果たしているつもりです。

親との関わりについては三年前とあまり変わりません。この三年間、お母さんには自分から進んで連絡を取ることはありませんでしたが、施設の行事などには姉や兄と一緒に来てくれました。また、高校進学のための中三の三者懇談にも同席してくれ、進路についての話し合いをしました。お母さんは喜んで来てくれたようですが、僕としては特別来て欲しかったわけでもありませんでした。僕はお母さんと二人きりで話をしたりするのがあまり好きではなく、まずなにを話したらいいのか、理解し合える話があるのかさえもよく分かりません。だから余計に自分から電話を掛けることがないのです。お母さんよりも、施設で一緒に生活してきた姉や兄と連絡を取り合うことの方が気楽です。兄がお母

さんと一緒に住んでいるので、お母さんのことは姉や兄から教えてもらうことが多く、そのときに姉や兄を間に入れて話したりもします。

今、改めてお母さんのことを考えると、お母さんは昔から太っているせいか血圧が高く、いつも体調が悪かったように思います。そのためか、僕たち兄弟のことを考えたり世話したりする余裕がなかったのだと思います。僕自身のお母さんに対する感情もあまりありません。これからもお母さんとは深く付き合って行くつもりはないけど、姉や兄とはずっと連絡を取り合い、その中でお母さんと関わるくらいだと思います。

## 『高校生活と母親のこと』

職員　杉井　恵美

この三年間の彼の生活で大きく変わったことは高校進学でした。三年前に彼自身が生い立ちに書いていた「とにかく高校に行きたい」という言葉どおり、がんばって高校進学を果たしました。

中三のとき、将来の展望として「福祉関係の職業に就きたい」と意志を固め始めました。そのために高校からその職種の学習ができる福祉コースのある高校を選択しました。合格するための努力はそれほど見られませんでしたが、無事に合格することができました。

彼は中学時代にはバドミントン部に入っていましたが、目立つことや運動が好きな方ではなかったため、部活動へも積極的に参加していませんでした。しかし、高校では吹奏楽部に入部して、人生初めてのドラムに挑戦しました。楽譜や楽器に興味を示し、音楽を楽しむ順調な高校生活に見えたのですが、ちょっとしたことがあって部活顧問との信頼関係が築けず、部活動を休むようになりました。

自分から退部を希望しても受け入れてもらえない状態が続き、担任や施設の職員にも相談を持ちかけて来ました。けれども「どんな考えで退部を考えているのかを、まずは自分から顧問に話をして」と言われ、引っ込み思案気味の彼は、悩み続けて体調を崩し、学校を欠席するようになってしまいました。結局、担任が間に入って調整してくださり退部できることになりましたが、他の部活には入ることなく、現在に至っています。幸い、この件がその後の生活に心配な影響を与えている様子は見られません。

二年生になってからは、「就職時に有利で自分の力にもなるから」とボランティア活動に力を入れ、幼稚園・老人ホーム・町の催し物などの行事のお手伝いに参加させてもらっています。

また、今の生活と将来のことを考えてバイトを始めました。大義名分は高校卒業後の進路のための貯蓄ですが、今時の高校生みんなが持っている携帯電話を購入したいこともあり、喫茶店でのバイトを見つけてきました。施設からの小遣いだけでなくバイトの収入があることで、友達との付き合いや自分の趣味を広げることができて充実しているように見えます。

携帯電話を手にしたことで、姉兄らとの連絡がスムーズになり、しばしば連絡を取り合い、その中で母親の状況を知ったり直接話をしたりしているようです。順調な生活・発達のようにも見えますが、母親に対する感情については中学生の頃からあまり変化は見られません。

彼は年齢が上がるにつれて、母親のこれまでの生き様を仕方なく受け入れているようにも見えます。母親の行動のほとんどの部分が彼のことを考えているものではないことに苛立ちを感じているようです。たとえば母親が再婚しても自分は戸籍が違うこと、母親は経済的に困っていて姉や兄に借金をしていること、彼が携帯電話を購入するときに契約者になれる力がなかったことなど、世の中の一般的な親と比べて、母親を厳しく非難している面もあります。

今後の課題としては、この先進学・就職どちらになっても社会に出ることになり、施設の職員より親子・兄妹の関係の方が重要になると思われます。そのため施設に入所している間に今回のような彼自身の生い立ちの整理をすることが大切だと思います。そして姉兄とのよい関係を継続しつつ、姉兄と一緒に母親との関わりを深めて行くことが必要だと思われます。

## インタビュー

＊晃君とはどんな関係ですか？

職員 杉井 恵美さん（以下、杉井） 二歳のときに乳児院から児童養護施設に措置変更で入ってきてから職員として関わっています。

＊施設ではどんな子でしたか？

杉井 幼児の頃は、とろっとしていてポチャっとしていてポーっとしていた。あまり派手じゃなく、いい子で、ポヨヨンとした感じの子でした。小学校もそんな感じでした。どちらかというといじめられっ子だったかもしれません。あまり目立つ方でもなく、悪いことする方でもなかった。

＊印象に残ってる出来事は？

晃君 ない。

杉井 大きなけがもなく、悪いことするとかもなかった。なにか印象に残っていると言ったら、小さいとき、お母さんにあまりなつかなかったことぐらいですね。

＊なつかなかったっていうのは？

杉井 乳児院で生活していたので、お母さんとの接触がほとんどなかった。児童養護施設に先に入っていたお兄ちゃんたちに母親が会いに来たときに母親に会い、急に「お母さんだよ」と言われても少し抵抗があったようです。兄弟もたくさんいるため、お母さんは丁寧に関われないこともあったと思います。

＊兄弟とはどんな感じ？

杉井　私の施設には四人生活していて、この子が一番下でした。あとの上の子たちは違う施設にいた。私の施設の四人は仲がよかった。

＊進路のことは話してますか？

杉井　話しています。行きたいところはある程度決まりました。けれども行けるかどうかわからないですね。経済的な問題とか、アパートの保証人のことか、いろいろな問題があります。

＊進路のことは誰に相談してますか？

晃君　学校の先生とか施設の職員とかにしている。

＊どういう仕事につきたいとかありますか？

晃君　（職員を指し）こういう仕事。子どもが好きだから。

杉井　近くにいっぱいいるしね。

＊施設の中でもよく小さい子と関わったりするのですか？

晃君　時間があれば関わっている。

杉井　幼児棟、女子棟、男子棟の三つに分かれているので、幼児と接する時間が少ない。だから夜ごはんのときぐらい。そのときはべったりと関わっているね。
＊二人で真剣に向き合って対決（議論）したことはありますか？
杉井　ないね。
晃君　うん。俺、いい子だもん。
杉井　なかなか動かなかったらお尻ペンぐらいはあっても、ケンカすることはない。彼以外の子とはよくありますよ。
＊晃君に信頼されてるなと思ったことはありますか。
杉井　彼のお母さんよりは信頼してもらっているかもしれません。
＊どんなときに信頼されていると思いますか？
杉井　普通に話してるときですかね。嫌われてはいないという感じですね。信頼されているとすごく感じたことはないけれど、やっぱりいてもらった方がいいかなあみたいな感じかな。
＊職員を信頼してるというところは？
晃君　信頼しているから、お母さんより結構なんでも話せる。
＊どれくらいまでアフターケアが必要だと思いますか。
杉井　私が思うには、社会人として認められる、結婚するぐらいまでの年齢までアフターケア

は必要だろうと思います。でも、実際すべての子にそこまではできないです。そのため、卒業して学校に行って新たに職場を見つけたときまでぐらいかなと思う。やっぱり職場に入ったときはいろんなことが起きてくるだろうから、その頃まではアフターケアが必要だろうと思う。

＊施設で育った子には、将来どのように生きてほしいですか。

杉井　やっぱり、たくましく生きてほしい。施設の子は一般家庭の子と比べると背負ってるものが違う。親がいる・親がいないとか、頼りになる親がいる・親がいるけど頼りにならない、この差がどうしても出てくる。それに親がいても親が子どもに頼ってしまうような状態の家庭の子も多いので、社会に出て一番困るのは支えてもらう相手がいないことだと思う。親がいたら手を貸してくれることも、自分でやっていかなきゃいけないことがいっぱいある。だからたくましく育って欲しい。ちょっと踏みつけられたり、けなされたりしたぐらいでへこたれず、たくましくやって欲しい。

＊三年前と今とで変わったことは？

晃君　なにも変わってないよ。

杉井　前からあまり目立つことは好きじゃないし、人を押しのけてなにかするというのは好きじゃなかった。今でも人を押しのけて目立とうとはしないけど、自分のこうしたいということを口に出すようになったし、他の子の言うことにも惑わされなくなった。そういう、一本強いものができたように思う。

＊どういう職員がよいと思いますか？

晃君　やっぱり、子どものことを思ってる人がいい。優しいだけじゃなくて、厳しさもあって、ちゃんと子どものこと考えてくれる人がいい。

＊職員として、この仕事をしていてよかった思うことは？

杉井　よくそうやって聞かれるんですが、よかったなあとはあまり思わない。毎日が忙しいので、幸せだなあと思うよりも、疲れたなと思う方が年とともに増えていきます。でもやっぱり、社会に出て子どもたちが施設に帰ってきたり、ここに遊びにきたり、彼女を連れて来たりすると、社会に出ても繋がっている感じがする。けれど施設の職員でよかったなというよりも、この子たちと関われてよかったなと思う。この子たちと関われてよかったなと思うのはやっぱり、社会に出てがんばってくれてる姿を見せてくれたり、こっちが疲れたときに気遣ってくれる優しい気持ちを感じたりすると、よかったと思う。

＊今後、児童養護施設がどのようになっていくことがいいと思いますか。

杉井　多くの人に児童養護施設はどういうものなのかというのを知ってもらえるとよい。そしてもう少し小規模化し、五、六人で生活できると社会に出てからも違うと思う。小規模になれば、職員や親代わりになる人が子どもの話をもっと聞けるし、互いに話す時間が増える。そういうことを考えると、地域小規模施設で育った方が、社会に出たときに豊かになるのではないかと思う。大きな施設は、子どもに寂しい思いをさせてしまっている。いくら職員ががんばっても、人数的にも物理的にも足りない。その中で子どもは自分の方を向いてもらおうと一生懸命がんばっている。職員が子どもともっと向き合える時間をつくるには人数が足りないし、ころころ職員が変わっていく環境では難しい。子どもを長く見ていくためには、地域小規模施設で普通の家庭のような施設がいっぱいできるといいかもしれない。そうすると、社会的にも「施設」というよりは一つの「家庭」として、受け入れやすい。その方が、子どもにも、社会の中で育つ違和感はないと思う。

## 将来は、調理師になるのが目標

田中　和夫（高三・男子）

## 三年前の作文集

小さかった頃の施設は人数が少なく静かでした。そのうちに人数が増えて賑やかになりました。このように彼の作文では長く施設で暮らしてきたから気づけることが書かれていました。施設のことを「思い出の詰まった宝物の存在」と表現してくれました。そして施設の食事がおいしかったことや食事会のことなど、施設の生活の楽しみについても書いてくれています。中でも施設での調理実習がお気に入りでした。それが調理師をめざす彼の夢の原点なのかもしれません。

## これまで

和夫君は生まれて間もなく乳児院に入り、その後、児童養護施設に入所しました。和夫君は脊柱側わん症と肩甲骨高位症という身体障害があります。中学二年生の春、障害の治療のために自ら手術を希望して一カ月におよぶ療養、訓練もしました。中学校卒業までの九年間を養護学校で学び、高校に進学しました。実母とは連絡が取れないままですが、中二の頃から週末は里親宅に夏休みや正月に帰省しています。

# 『施設の思い出』

田中　和夫

僕は乳児院から一七年間施設で過ごしたので、思い出もたくさんあります。

今の施設に来たのは二歳からです。

アルバイトの思い出

高校一年生の三月から近くの観光地のホテルの調理場で見習いとしてバイトを始めました。途中から同じ施設の高校生にも紹介し一緒に働きましたが、その年の九月に会社がホテルを引き上げることになり、バイトもなくなりました。

その後は、市内にオープンしたスケート場でバイトをしました。一一月二〇日頃から二月までの三カ月間、スケート場で、受付や貸し靴の受け渡しなどをしました。平日の客は少ないけど、休日はとても混雑します。冬休み中は忙しい日が続きました。次の日には筋肉痛で動けないときもありました。冬のバイトなので、寒いなか自転車で行くのは大変でしたが、季節が終わる頃には、やり遂げた満足感がありました。

スケート場のバイトは冬の間だけなので、春からはドーナッツ店でバイトをしました。油の取り替えやドーナッツのトッピングなどをしました。最初は難しくてうまくできませんでしたが、日を重ねるうちにだんだんできるようになりました。このバイトの楽しみは、終わった後にドーナッツをもらえることでした。ゴミ捨てをして終わりますが、多い日もあり大変でした。バイトのない日は、年下の子とよく遊びました。僕は、年下の子に優しいと言われ、部屋も小学生と同じ部屋が多かったです。小学生は、朝早くから起きてうるさいのですが、その分、夜は早く寝るのでゆっくりと寝られます。

施設の生活は、すごく楽しく、いろいろなことを経験できたのでとてもいい思い出になりました。

**職員について**

職員さんは僕が施設に来たときと比べ、とても多くなりました。思い出深いのは高一から担当してもらった伊藤さんです。バイト探しや、就職を決めるまでいろいろお世話になりました。約束を守れなかったときも何回かあったけど、それでも沢山手助けをしてもらったので、とても感謝しています。将来は、調理師になりたいと思っていますが、伊藤さんには一番最初に食べて欲しいと思っています。

**退園式の思い出**

今年は、七人も退園する子がいましたが、一番長く施設で暮らした僕が、きっと退園する子のなかで思い出は一番多いと思います。一番長く施設にいたから、どの子も入所したときから知っているので、みんなと会えなくなるのはとっても悲しかったです。他の子は、県内の就職なのですが、僕は他県なので、なかなか会えないと思うと一層、悲しかったです。

退園式の中で、何人かはお礼と一緒に決意などを言いました。僕も「将来は調理師になり、施設の全員に美味しいものをつくる」と約束しました。その約束は絶対守ると決めています。

**退園後のこと**

退園してからは、海辺のホテルの調理場に就職しました。けれども施設での生活習慣が抜けないため、何日も遅刻や無断欠勤をしてしまい、調理場の人たちともうまくいかず、一カ月もたたないうちにやめてしまいました。

そのせいで、いろいろな人に迷惑をかけてしまいました。仕事をする大変さも知ったので次は、きちんとがんばりたいと思っています。

**将来の夢**

将来は、調理師になるのが目標なので、二一歳になったら調理師の免許を取りたいです。また、親には生まれてからずっと会っていないので、できれば、会って施設生活のことなどを聴かせてあげられたらよいと思っています。

ホテルを退職してからは、前に生活をしていた施設の寮で生活をしながら、次の就職先を探しました。そのときも沢山の職員の方々に手助けをしてもらい、面接にも一緒に行ってもらいました。就職活動をしてみると、就職先を見つけることがとても大変なことだと知りました。

今は、県内の障害をもつ人の職場で働くことになり、引っ越しの準備をしているところです。

## 『施設を出て、これから』

職員　加藤　茂樹

卒業・退園・就職
和夫君は施設の近隣地域にある公立昼間定時制高校を好成績で卒業しました。
三月に開催した施設の「お別れ会」（退園式）では、社会へ巣立つ仲間や家庭復帰する仲間合わせて七名とともに壇上に立ち、在園児童や今まで支えてくれた職員、保護者、児相、学校等の関係者に向かって「調理師になってみんなに美味しいものを食べてもらうのが夢です」と力強く語りかけました。その言葉は担当職員はじめ多くの参加した大人の涙さえ誘う、訴える力を感じるものでした。

三月末に、就職先である海辺の観光ホテルの寮に引っ越したとき、冷蔵庫やテレビ、洗濯機等の家財道具の中に、ぬいぐるみのクマを忍ばせていたのが印象的でした。

〇歳から乳児院で過ごし、二歳から一八歳まで児童養護施設で生活してきた和夫君はどこかに寂しさを感じていたのではないかと思います。

## 職場でのつまづき

四月に入り、一週間ほどすると「遅刻が多い」と職場から連絡が入り、担当職員と一緒に寮を訪れて話を聴きました。すると携帯電話で夜遅くまで同じ時期に退園し、他の地域へ就職した仲間と話していたようでした。一人暮らしの寂しさと、職場規律の厳しさの間で揺れていることを察しました。そのために遅刻の連続となっているようでした。

三〇代の板長さんは、「彼がやる気ならば少しずつ調理のことも教えていきたい。気持ちがあるなら続けさせたい、本人次第である」と優しさの感じられる言葉で語られました。

それから一週間ほどした頃、職場に彼の様子を聞こうと思い電話を入れてみると、今度は無断欠勤をしていました。すぐに、施設長と出かけ、職場の取締役からお話を伺うと、「遅刻はすることはあってもしかたがないが問題は『遅刻してすみませんでした』という謝罪ができないところだ。現場（調理場）の仲間の意見で去就を判断したい」と言われました。

心優しく迎え入れてくださった海辺の観光ホテルの皆さんでしたが、結局、和夫君は四月末で退職となりました。取締役は、和夫君に「社会は、人に優しく接すればあなたをやさしく迎えてくれる、人に厳しく接すれば厳しく迎え入れる」と話され、「毎日の挨拶や、遅刻したときに『すみませんでした』と言えることは、職場の仲間に対する優しさだ。挨拶できなかったことは職場の仲間に厳しく接したことになる。その結果、ここでは働いて欲しくないという結論を調理場の仲間は示したのだ」と解説されました。

このことで私は、和夫君の社会的スキルの低さを感じないではいられませんでした。同時に、一〇〇パーセント施設育ちである和夫君であることから、施設生活の組み立ての中での積み残し課題としてとらえざるを得ませんでした。

他にも、今年退園した子どもの職場から、同種の警告を受けたことがあります。「遅刻や職場で商品を取り違える等のミステイクをしたときに謝れない。叱ると無断欠勤してしまう」という内容でした。

和夫君は、五月のゴールデンウィーク明けには施設に戻ることになりました。すでに措置児童ではないので、全職員の了解を得て生活支援、就職支援を再び行うことになりました。

それからは、ハローワークに通う毎日が始まりました。ホテルの調理や競馬場の厩舎での競走馬の世話など、募集しているところはいくつも当たってみたけれど、就職難が深刻な時期であることに加え、一カ月でリタイヤしたことが重なってマイナス要因になり、いっこうに就職先は見つかりませんでした。

和夫君は身体も小さい方で、身体障害五級という身体状況も採用に結びつかない理由の一つになっていたようです。

障害者福祉施設へ

それでも和夫君は、調理関係で働きたいという希望は捨てなかった。同じ法人の中に、障害者対象のS福祉施設があります。以前にも声をかけておいたのですが、再度お願いしてみると、ケアホームが空けば、そこを生活の拠点に調理関係の仕事ができるという返事をもらいました。

しかし、この話があった七月にはケアホームは空いていなかったため、近くのアパートに住みながら仕事に通うことにし、八月から通い始めました。当面は生活保護を受け、何とか生活できるようには施設長以下職員が奔走してこぎつけました。

現在は福祉施設で仕事を続けています。その間、遅刻や無断欠勤もありましたが、ねばり強く支援をいただいています。箱おり作業、袋詰め作業等を経て、今は同法人施設直営のレストランで皿洗いを行えるようになりました。

## 退園後の支援の重圧感

一人ひとりの支援には、時間と根気がとても必要です。

一般的には今はとても少なくなった高卒就職ですが、施設では圧倒的に高卒就職が多い現状にあります。今年度は、前述した退園児七名のうち六名が高卒就職児童で、そのアフターケアは多忙を極めています。

貧困・格差の問題は施設出身児童を直撃しているというのが実感です。まずは、住むところがないので、住み込みで働けるか、あるいは職場がアパートや寮を持ち格安で提供してくれる等の条件が必要になります。今年度の退園児で家族所有の家から通うことができたのは一名だけでした。

そして、一度リタイヤすると次の就職先がなかなか見つかりません。特に短期でやめた場合には、当然のこととしてその理由を本人の性格や働くスキルの低さに求められてしまうのが常です。就職先をリタイヤした退園児を施設だけではなく、多くの人のつながりで支援していく体制づくりが急務です。

被虐待児、発達障害児の措置入所が増えることで、安心を保障する施設の構造化が求められることと合わせて、一人ひとりの「育ち」に着目した支援体制が必要になっています。「育ち」はやがて、「巣立ち」に向かった支援へと発展させなければなりません。

被虐待や発達障害のある子どもの支援は、専門性と丁寧さを持ってゆっくりと時間をかけて行うことになります。就職や進学という施設からの「巣立ち」の時を迎えてから、他機関と連携することや、頼れる資源を増やしていくこと、仲間同士の共助、事業主や学校の理解等、一八歳以降を支える広範なネットワークづくりに働きかけなければと思うこの頃です。

## インタビュー

＊和夫君とはどんな関係でしたか。

職員 加藤 茂樹さん（以下、加藤） 私の場合、施設にいる職員と子どもという関係だと思っています。

＊施設で印象に残っている出来事はありますか。

加藤　和夫君は乳児院から来ている子です。施設しか知らない子です。二歳からここでずっと生活してきたから、成長ぶりをずっと見てきました。彼はちゃんと大人になってきました。彼はかなり大きな手術をしています。あのとき、自分から手術したいって言ったんです。そういう言葉の中によくなりたいんだ、大きくなりたいんだ、障害を克服したいんだという気持ちがすごく出ていたことを覚えています。

＊それまで自分から「〜したい」と言わなかったのですか。

加藤　そこまでの自己主張はありませんでした。体が小さく、体力的にもそんなに丈夫な子ではなかったため、大きい子に振り回されました。大きい子に付いて良いことも悪いこともやってしまいました。

和夫君は中学生の頃に、生い立ちの整理を丁寧に行いました。この世に命を受けたことのありがたさを自覚していく、親を恨まない、親がいたから君は命をもらえたんだ、親は育てたかったんだけどそれができない事情があった、それで施設に来た。これは決して恥ずかしいことではなく、生きるための方法なんだ。大人は君を大事にするし、一緒に生きて行こうと思っているということを、彼とまとめた。

彼は家族からの見捨てられ感が強い子でした。大人を信頼できるっていうことが、世の中に出て生きてくための一つの支えになる。とにかくこの子はそういう話をよくしていました。

＊施設を退所するときに進路問題でどんなことが問題となりましたか。就職活動は順調でしたか。

加藤　彼は高校の成績はよかったのですが、就職難で大変でした。彼は身体障害五級なので、障害者枠での雇用とか、一般就職とかいろいろ当たってみました。けれど彼は調理師になりたいという希望を持っていました。それで調理の仕事を探すことにしました。けれど料理人の世界って厳しいから、生半可な気持ちで来るなって追い返された所もありました。なかなか決まらなかったけれど、やっと海のそばのホテルに決まった。だけど、やっぱりちょっとしたことでくじけてしまう。遅刻するな、挨拶の声が小さいとか、当たり前に言われるよね。そういうことがどんどんショックになって、行けなくなってしまいました。それで何度も職場に訪ねて、話したりしたけど、結局辞めてしまった。辞めるとね、行くとこがないんです。職員寮の一階で七月の終わりまで暮らし、その間に障害の区分認定などの手続きや生活保護とかいろんなことをやって、それで今、障害者を雇用してくれる授産施設に就職しました。

＊それは調理系の仕事ですか。

加藤　調理です。彼はその希望だけは貫いた。

＊和夫君は調理が好きだったんですか。

加藤　高一のときに近くのホテルの厨房でアルバイトをしていました。そのときすごくよく面倒を見ていただき、その印象があるみたいです。そのとき調理に携わったっていうのが彼の一つの生き方につながったじゃないかなと思います。考えてみれば、すごく狭い世界ですよね。施設の子はどうしても世間との接触が普通の子よりは少ないかもしれません。普通の家庭で言えば、お父さんとお母さんが別々の仕事をしていて、お父さんがエンジニアだったり、いろいろな会社で働いていたりとか、学校の先生だったりとか多様な職にふれるわけです。施設では周りの大人は施設職員ばかりですよね。職業選択のバリエーションがなかなか見つけにくいのかもしれません。そのため職員がやっている仕事に対して魅力を感じて、保育士になりたい、施設の先生になりたいっていうことになると思います。彼の場合も調理のバイトをやった経験だけが職業選択の方向づけになっているのだと思います。

＊施設退所後、和夫君と担当職員との関係はどんなときにありましたか（アフターケアとして定期的に訪問していた、困ったときに連絡があって対応した等）。

加藤　アフターケアをするのが担当職員、ということにはしていません。そこまで担当に負わせるとすごい大変になってしまうから。だから、手分けできるところでやっています。彼の場合、施設にいた期間が長いから、職員みんながわかっている。そういう意味では分担はしやすい。担当もずいぶん変わっているから、施設のみんなで見ているという感じです。

＊今も和夫君と交流がありますか。

加藤　アフターケアはしょっちゅうやっています。様子を見に行ったりします。そこの施設に先月は三回ぐらい行きました。アパートを探したり、就職先との面談に行ったり、施設長を含めて何人かで手分けしながらやっています。

＊和夫君は、今、一人暮らしですか。

加藤　安いアパートで一人で暮らしています。鍵をなくしたとか、お金落としたとか、しょっちゅう連絡してくる。彼だけではなく、アフターケアというのは細かなことがいろいろあります。今年は六人就職したから、アフターケアにあっちこっち行っています。
＊退所後の子どもたちへは、どのぐらいのペースでアフターケアに行きますか。
加藤　不安定な子には月に三回、四回、五回、六回以上行きます。それぐらいの支援が必要なんです。
＊和夫君と真剣に向かい合って対決（議論）をしたことはありますか。それはどんなときでしたか。
加藤　あります。最近で言えば、海辺のホテルを辞めたいって言ったときにいっぱい話を聞きました。彼のできてたところはしっかり褒め、もうひと踏ん張りしてみないかと声を掛けたりしました。施設の中でも色々ありました。たとえば、部屋の中の問題をどう解決していくかということを話し合ったりしました。話をするときに忘れてはいけないことが、今、できていることを誉めることです。良さをしっかりと本人が認識できるようにすると、それがパワーになり、そして自分で問題解決に向かえる。寄り添うところは寄り添って、一緒に解決していくように心がけてきました。
＊和夫君は、自分はできないと考えてしまうことが多いんですか。
加藤　自己肯定感が低い。親から離れて施設にいるっていうことは自分の中でマイナスイメージのようです。生い立ちの整理をしていくのだけれど、なかなか難しい。施設は集団生活だから、集団を生かしていく発想も大切かもしれません。けれど就職して一人になったときに、今

までの生活とのギャップが相当あるようです。そのため携帯電話で友達と遅くまでしゃべったりする。それで朝、気がつくと遅刻している。施設の生活と就職したときと違いすぎて、生活リズムを乱していく。職員が常にサポートしてきた施設という環境から、一人でいろんなことやっていけるようにならなくてはいけない。たとえば今まで職員が起こしてくれたけれど、朝一人で起きなきゃいけない。そういうところが身についていない。

これは施設側の問題でもある。やっぱり施設で育ったための弱さもあると思う。そういうことを就職した職場で言われたときに耐え切れなくて、逃げちゃう。遅刻した次の日に時間通りに出て行って、昨日は遅刻してすみませんでしたと言えない。そういったことが言えずにうじうじしているとよい印象ではないでしょう。「なんだこいつ」ってなってしまう。施設ではそういうスキルがあんまり育っていかない。今、自分たちが考えなきゃいけない問題は、自立支援って一体なんだろうってことです。施設で一八歳まで見ていくのであれば、一八歳以降をしっかりと視野に入れて、リービングケアの中でどう組み立てていくのか、かなり具体的にやっていかないといけないと感じています。施設の子たちが世の中に出て求められるスキルっていうのはなんだろうか、そういうことを自然に学べるような環境を施設につくれるのだろうか、それらをもう少し考えていかないといけません。

＊和夫君は、今の授産施設で遅刻といったことはないんですか。

加藤　「今日行ったか」って、しょっちゅう電話して、確認しています。彼も就職探しのためにハローワークへ行っても全然就職がないっていうのも見てきたからね。自分がなにを直していけばいいのかも職員と話して見えてきたと思います。

＊和夫君が担当者を信頼してくれているなと感じたのはどんなときでしたか。

加藤　彼は卒業まで担当した女性の職員をお母さんのように慕っていました。厳しさのある人だったけど、彼と向き合っていた。卒園式を三月二二日にやったとき、一人ひとり退園していく子が壇上でしゃべるんだけど、その中で一番お世話になったのはその職員だと堂々と言ってくれた。彼の中にはやっぱりあったかく見てもらったっていうところが、すごく印象に残ったと話してくれました。

＊施設に関わった子どもたちには、将来どう生きていってほしいと考えていますか。

加藤　どう生きるかというよりも、とにかく生きていってほしい。いろいろあるだろうけど、たくましく生きていってほしい。特に虐待を受けた子は、家庭に対するイメージが非常に貧弱であったり、間違っていたりする。それが施設の課題かもしれない。どうしたらよいか困ったときは相談に乗るから、来てほしい。そして家族を大切にしてほしいと思います。

＊退所後の子どもたちと、子育ての話をしたことはありますか。

加藤　よく話します。昨日もおとといも電話がかかってきた。もうすぐ一歳になるとか、お腹が大きくなったとかいっぱい連絡が来る。遊びにも来る。車を変えたからって見せに来たとか、いろいろ理由をつくって来てくれる。嬉しいね。とにかく元気でやってるんだねって。夏休みに遠くから訪ねて来た子は、ここにいたときには相当暴れた子だったけど、ちゃんと大人になっていた。そうやって仕事をしてる姿とか、家庭を持って一生懸命生きてる姿を見せてもらえるってことは嬉しいです。

＊卒業していった子どもたちは、皆さん施設に来るんですか。

加藤　全く来ない子もいます。でもここを拠り所にしている子もいます。来る子も来ない子もいるけど、卒園した子の三分の二ぐらいは来るように思います。けれども裏返して考えてみれば、行く所がなかったり、相談する大人がいなかったりするということかもしれません。

# 進学と就職の間で

近藤　隆志（高三・男子）

## 三年前の作文集

三年前の作文集のとき、隆志君は受験生でした。そのため忙しく、自分の過去を見つめ、現在、未来を書くことが難しかったため、職員が聞き取りました。隆志君は「知らん」「覚えていない」と言いながらもいろいろ話してくれました。幼児グループにいたときの仲間のことや小学生のときに他児が勝手にゲームを使っていたこと、地域小規模施設に来てよかったことなどを話してくれました。

## これまで

隆志君はネグレクトのために二歳二カ月のときに児童養護施設に入所しました。入所前の隆志君は、食事をほとんど与えられていなかったため二歳児の体格よりも小さく、玩具も与えられなく、表情もありませんでした。母親は子どもとどうやって関わったらよいのかわからないようで、覇気のない表情でした。

## 『就活中のあなたへ』

職員　横山　彩

### 高校生活を振り返って

隆志君の高校生活は、部活・勉強・バイトの毎日でした。部活は弓道部に三年間所属し、初段を取得して、仲間もできました。勉強は大学進学を目指し、真面目に取り組み私立大学への推薦をとりつけました。バイトは面接をいくつか受けたのですが、なかなか決まらず落ち込み気味だったとき、スーパーの仕事が決まり、二年ほど続けています。バイトの目的は自立に向けての社会勉強と自動車免許習得に向けての貯金でした。

## 彼の国籍について

隆志君は日本国籍ではありません。私はその事実をいつ伝えようかとずっと考えていました。しかし、私がタイミングを探っている間に、伝えなくてはならない事態になりました。隆志君は高校一年生の冬にアルバイトを始めました。そこで、住民票の提示が必要になったのですが、彼の身分証明書は永住登録書だったのです。私は決まるかどうかわからないアルバイト先のために、いきなり自分の国籍の事実を知らされるのはショックが大きいのではと心配になりました。そこで彼に内緒でアルバイト先に事情を話し、合否を聞かせてもらいました。そのとき店長が「彼は真面目そうで仕事ができそうだ」と話してくださったことを今でも覚えています。私は、これをいい機会にしようと、児相にて担当の児童福祉司から隆志君に国籍のことを話してもらいました。

そのときのことを彼と話してみました。

「国籍の話を聞いたときのこと覚えてる？」

「うん」

「ねぇ、自分の国籍について前から知ってた？」

「全然知らんかったよ」

「驚いた？」

「いや……驚いたっていうか……」

「まじ？　って思った？」

「いや、まじ？　を超えたよ。俺、日本語しかしゃべれんけどって思った」

「落ち込んだ？」

「落ち込むっしょ。でもさ、（野球の）金本選手もだしね。やだなとは思ってないよ。いつもはそんなこと考えないし。忘れてるよ」

当時の彼はまだまだ自分の気持ちを言葉にできないところがありましたが、今ではずいぶん言葉にできるようになったのだとまず驚きました。彼の「まじ？　を超えた」という表現にそのときの衝撃的な驚きを感じました。まだ国籍のことでどんなことが困るのかわからないし、帰化するかもしれないとも話していました。

**母親について**

国籍についての話をした頃、母親からもそれについて話してもらおうと考え、隆志君と私と家庭支援専門相談員とで、彼の家に行きました。母親は彼に国籍について話してくれました。しかし、国籍だけでなく、父親のことや、彼の幼少期の頃の話も始めました。彼の母親は言葉選びが下手な方で、いろいろな話を赤裸々に話しました。彼が小さい頃父親に押入れに閉じ込められたことなど、父親がどのような人かということを話しました。帰りの車中ではお互いに言葉が出せず、「びっくりしたね」と一言だけ交わしたことを覚えています。

そのときのことを彼と話してみました。

「家でお母さんと話したときどうだった？」

「ショックの向こう側に行ったたって感じかな」

「お母さんとはこれからどうしていく？」

「わからん。めんどくさいなって感じ。だってなに話したらいいかわからんもん。会いに行ってもシーンってなるでしょ。俺、人見知りするからさ」

「自分のお母さんにも人見知りしちゃうの？」

「だって一〇年以上も一緒に暮らしてないんだよ。人見知りするでしょ」

「施設を出たら会いに行ったりするかな？」

「しないんじゃない」

隆志君の中の母への期待はほとんどなくなったことを感じました。自分と母親との距離の遠さを感じ、それは埋める必要性もないと感じているようでした。良くも悪くも現実の母親との関係を知るよいきっかけになったのだと思います。

隆志君とゆっくり話し、私は改めて彼の成長を感じました。「知らん」「わからん」ばかりだった彼が、自分の気持ちを言葉にして、私に一生懸命伝えようとしてくれていました。私と向き合うことへの抵抗感もなくなり、飲み物まで準備してくれて、嬉しそうに最近の自分のこともたくさん話してくれました。表情は自信に満ちていました。勉強、高校受験、友人関係、部活、アルバイト等、問題と向き合うのが苦手だった隆志君が、逃げずにすべて向き合ってきたから今の自信に満ちた彼がいるのだと思います。私が願っていた彼の成長を超えるほど彼は成長していました。彼にはいつも大切なことを教えてもらっています。

**ただ今就職活動中**

隆志君は高校二年生までは進学したい気持ちが強く大学情報をとりよせ、「つれと会社おこすんだ」と夢をもち、自己流勉強法で上位の成績をキープしていました。

三年生になり進路と向き合わなければならなくなったとき、進学するには経済的に難しいということを感じていました。

「七対三くらいで就職だと思う」とポツリと隆志君は言いました。

三者懇談会のとき、担任は進学だと思い、大学資料を提示されました。隆志君は自分から「あのさ、就職に変えたいんだけど」ときりだしました。担任は隆志君の家

庭の事情を理解し、すぐに就職担当の先生を紹介してくれました。今年も就職難で、心配でしたが、隆志君の真面目さと成績がよい評価に繋がっていました。一週間で希望職種を三つ選び提出しなくてはならなかったのですが、隆志君は悩みながらも自分と向き合いました。「俺さ、人と関わるの苦手だからさ。バイトと仕事は違うし」「就職したら一人で暮らしたい」と言って、食品関係で製造の仕事を第一希望としました。彼は自分の性格をわかっていました。「友達は経済学部に進学するから、俺はそいつらと会社おこすために金貯めんとな」と笑いながら話します。そんな彼を見て、本当は大学に行きたいのだろうなぁと感じました。しかし隆志君が現実と向き合い就職に向けて動きだしているので、全力投球で応援していきたいと思います。

私は幼児期に隆志君と出会いました。その頃は母子関係を深め、子育てを学んでもらおうとお母さんに施設に足を運んでもらっていました。隆志君のためにお母さんは努力され、施設によく来てくれました。しかし隆志君の成長とともに母と息子が会う機会は少なくなり心の距離もできてきました。

隆志君はお母さんに対して決して否定的ではなく、現実を見据えて考えています。一五年ぶりに隆志君の担当をさせてもらい、彼の優しさ、高校生活で得た仲間との繋がり、自信に満ちた行動に驚くとともに、しっかり育ったことが感動です。

社会に出れば今までとは違う人間関係・環境の中で厳しい現実と向きあい、悩みも多いと思います。そんなとき、隆志君には相談できる仲間がいることを忘れないでいて欲しいと思っています。

「君は一人じゃない」。いつまでも見守り応援しています。

## インタビュー

＊隆志君とはどんな関係でしたか（いつ頃から、施設での様子、印象に残っている出来事）。

職員 横山 彩（以下、横山） 私が本園から地域小規模施設に来て一年半なので、それ以前（大舎の方）の小さい頃の隆志君のイメージがあります。家から施設に来たときは痩せていました。施設でいっぱいご飯を食べて、割とぽちゃっとした男の子になったと思います。私の中での隆志君の存在は、地域小規模施設にいる私たち職員の癒しだなと思っています。私自身が今までずっと幼児担当で、子どもとの距離がとても近い人間だったのですが、ここではそのようなやり方では自分がやっていけないというのがすごくわかったんです。小学生のこととかで悩んだときに、フッと隆志君に言うと自分にはまる言葉が返ってきたり、彼はそんなつもりはないと思いますが、冗談で言っていることでもストンと落ちて楽になるとか、普通にしゃべれる大人みたいな存在です。一人勤務なので色々と聞いてもらいたくても同じ職員には聞いてもらえないのですが、そんなときに隆志君に何気なく言って、何気なく返ってくる言葉が非常に私にはぴったりくる癒しです。こんなこと彼には初めて言いました。

＊隆志君は、どうして進学でなく就職にしようと考えたのですか。

隆志君　それは……ね。働いた方がいいから。

＊働いた方が一人で生きて行ける、勉強するより働いてみたい、という気持ちが大きかったのですか。

隆志君　うん。

＊隆志君の進路に関して横山さんはどう思っていますか。

横山　彼は就職することにしましたが、本当は彼なりにすごく勉強をがんばっていて、職員もそれを認めています。彼が本当は進学したいと思っていることもわかっています。しかし、経済的なことなどを考えると、がんばれって後押ししてあげられないのが現状です。たぶん彼はそこを察したと思います。正直そこが辛いです。でも彼が選んだことだと思うと、今はがんばって就活の応援ができたらいいなと思っています。

＊中学のときの高校受験はいかがでしたか（勉強で大変だったこと、進学後のことなど）。

隆志君　別に勉強とかあんまりしてなかった。定員割れだったから入学できたんじゃないかな。

横山　本人はそう言っていますが、中学校からは少し入学は難しいかもしれないと言われた高校にがんばって入ったと聞いています。彼は謙遜しているし、定員割れは確かだったけれど、彼はそのときとてもがんばったと聞いています。

＊お二人が真剣に議論したことはありますか。

隆志君　ないと思います。

横山　私自身が、まだ子どもとの距離のとり方がへたなので、あまり突っ込んで話し合ってはいないと思います。正直、今の彼に言わなければならないことは私にはないです。進路についても彼も最低限ここは言わなきゃいけないということは私に伝えてくれているので、学校との調整もできています。

＊隆志君が信頼してくれていると感じたときはありますか。

横山　信頼しているかどうかはわからないけれど、就活や節々での大事なことを、とりあえず私に一番に伝えてくれるときに感じます。たぶん彼は、私が担当だから伝えてくれているとは思いますが、伝えてくれるのは、やっぱりちょっとありがたいです。一緒にがんばりたいという気持ちにもなります。

＊施設退所後、担当した子どもに対してアフターケアなどを含めてどのように接していきたいですか。

横山　彼は来年ここから自立していきます。ここでは衣食住が保障されます。職員も気にかけて見ていることもできますが、退所した後のことは本当に心配です。アフターケアは、どのくらいという期間ではなく、私や今まで関わってきた職員の中でこの人に話がしたいなと思う人がいたら、節目節目に彼が相談してくれたらうれしい。そのために扉を開いておいてあげ、手伝いはしたいと思います。施設は、子どもがなにか困ったときに、施設の誰にでも相談できるような体制でやっていきたいと思っています。

＊施設で関わった子どもたちに将来どう生きてほしいと考えていますか。

横山　どの子も私たちが想像するよりももっといろんなことがあったと思います。今はすごく生きる力はあるので、これからも自分らしく生きて欲しいです。本当にいつも思うのは、独りじゃないということです。隆志君とのやり取りの中では、特に詳しく話すということはないのだけれども、私は彼の思いは理解しているつもりなので、応援はしていきたいと思います。自分のやりたいことを見つけて生きて欲しいです。

＊職員としてこの仕事をしていてよかったと思ったことはどんなときですか。

横山　沢山の子どもたちが巣立っていきましたが、「結婚したよ」とか「子どもができたよ」という報告をしに来てくれたときや、家族を連れてきてくれたときの顔を見るとうれしい気持ちになります。そういうときはやっていてよかったと思います。

＊児童養護施設は今後どうなっていくことがよいと思いますか。

横山　地域小規模施設の六人の子どもたちは本園の子どもたちより人数が少ないぶん、人間関係のストレスは感じていないのではないかと思います。やはり、大舎よりは家庭に近い方がいいんだろうなとはイメージ的には思います。けれども、やっぱり子どもたちはみんな家庭に帰れるとよいと思うので、家に帰れる状況をつくってあげられたらいいのかなと思います。

## 3

# 羽ばたいていった子どもたち

## いつでも施設に遊びにおいで

榊原　舞子（一六歳・女子）

### 三年前の作文集

舞子さんは母が腕に注射をしているところを見ていました。そして母が覚せい剤を使用し服役したことを、三回目の逮捕のときにはわかっていました。母が刑務所にいることを他の子には知られたくはありませんでした。けれども母のことは大好きです。そしてずっと会っていない父のことが気になり、電話帳で探して電話をかけました。父は再婚し、子どももいました。父から「元気でよかった」とメールをもらいうれしかったです。舞子さんは母と再び暮らせるようになり退園していくことになりました。施設の生活は全部いやだけれど、今は感謝していると書いています。

## これまで

舞子さんが生まれた後、両親は離婚し、母親は実家に戻りました。母親は舞子さんを託児所に預けてスナックで働きました。母親は舞子さんを実家に預けたまま帰って来ない日が多くなり、舞子さんの養育は祖父母に任せっきりになりました。母親は覚せい剤取締法違反で逮捕され執行猶予となり、実家で再び生活するようになりました。その後母親は舞子さんを連れて実家を出て、覚せい剤の関係で知り合ったと思われる知人と同居しました。祖父は舞子さんのことが心配になり児相に相談し、一カ月ほど一時保護となりました。母親は再び覚せい剤取締法違反で逮捕されました。舞子さんは伯母に引き取られましたが長期間の養育は難しく、児童養護施設に入所となりました。そして再び母親と生活することになり、施設を退所しました。

# 『家庭復帰した後のこと』

職員　加藤 真紀子

「この子は、高校卒業まで施設にいたほうがいい子だと思う」。退所を前にして児相のベテランワーカーが言った言葉が今になって思い出される。しかし、あのときは母親も本人も一緒に住むことを強く望んでいた。母親は仕事も一緒に住む家も決めていたし、本人は新生活への希望に満ちていた。施設としては、反対する理由はなかった。ただ、それまで後見人のように見守ってくれていた祖父は、家庭復帰に賛成ではなかった。それは母親が、祖父を何度も裏切っていたから、祖父は母親を信頼していなかったのであろう。

舞子さんは中学生になってから、施設で生活していることを、他校から来た同級生に知られたくないと思うようになっていた。母親が現れてからは、今までの思いを一気にはきだしてきた。舞子さんが母親と一緒に住むことを切望しているのを私たちはよく知っていた。子どもの強い希望に押されるように母も努力を見せるようになっていた。面会・外泊などの家庭復帰プログラムを計画通り行い、今まで離れて暮らしていた親子関係の回復と退所後の生活の不安を解消していった。親子で生活するために選んだ家は、同じ学区で祖父の家や施設に近く、困ったときはいつでも相談に来られる場所だった。事実、舞子さんは学校の帰りに施設に立ち寄ることもあった。

これからの生活について舞子さんは、祖母の卒業した高校へ行きたいので塾に通うことや母親が仕事で遅くなったら自分が夕食を手伝うといった夢を語り、それに向かって親子で生活を始めたはずだった。

一月一五日に措置停止、二月一五日措置解除。

どこで間違ったのだろう……。それからわずか三カ月後の五月、母親との関係がよくない、舞子さんは好き勝手し放題であり、無断外泊やピアス、毛染めなどをしているという情報が施設に入った。そこで家庭訪問をしてみると、学校は半分以上遅刻、無断欠席も多いことがわかり、その場で本人と母親が口論になった。

しかし、この頃はまだ舞子さんは家にいて、学校にも行っていた。夏休みには、本人から母親と喧嘩しながらなんとかやっているという連絡もあった。九月、運動会の練習に参加していないことが分かり電話をした。舞子さんはひさしぶりに電話に出たが、やはり学校には時々しか行っていないとのことだった。

一〇月、祖父から、施設に連絡があった。祖父によれば、舞子さんが夏休み以降登校しておらず、今では所在もつかめず、捜索願を出す予定であるとのことであった。この頃には、施設から自宅に電話をしてもつながらなくなっていた。児相が家庭訪問をしたときは、学校があるにもかかわらず中学生の男子と一緒にアパートにいた。舞子さんの非行性が進んでいることがわかったが、どうやって手を差し伸べてよいのか分からなかった。施設生活を嫌がっていた舞子さんが施設に戻ってくるとは思えなかった。児相や学校・祖父に連絡を取ったが、誰もなにかをしようということにはならなかった。祖父は、自分の家に迎えるとは言わなかった。児相も、触法行為があるわけではないので手を出そうとはしなかった。翌年の一月、祖父より、見つかったという連絡があった。児相にも連絡をするように伝えた。

その後、児相に一時保護となったと聞いたが、施設に帰る気はないと聞いた。間もなく児相を飛び出したという。その後の祖父からの情報で、舞子さんが、母親と知人のいる町に転出したと聞いた。舞子さんは学校に行きたいと言っていたし、祖父も強く望んでいたが、学校には行ってないらしく、中学校によると受け入れの手続きがないままだった。その後、祖父も舞子さんと連絡は取れなくなった。

それから一年後、高校生になった同級生が偶然駅で舞子さんに会ったという。アルバイトをしていると言い、明るく自分から声をかけてきたそうである。しかし、忙しいのか施設に遊びに来ることはない。私たちが心配していることも知らないだろう。元気でいることがわかってホッとしたのが事実である。

これまでを振り返って思うことは、もっと施設としてできることはなかったかということである。一つは退所児への働きかけである。退所児にはどの子へも家庭支援専門相談員が定期的に連絡を取っている。気軽に遊びに来る子も多く、情報の少ない子にはこちらから行事に呼ぶこともある。連絡のつかないことや心配な状態があれば児相に連絡を取っている。家庭訪問をすることもあれば、関係者会議に呼ばれることもある。連絡が取れなくなったときには、児相に尋ねてもらうが、他県に行ったときは連絡が取れないままのこともある。舞子さんは、この例に当てはまる。施設がなにもできないままだった。

もう一つは、家族関係の調整と舞子さんの立ち場の確認が不十分だったということである。舞子

さんは家族から愛されてはいたが、母親も、祖父も、自分が責任を持って育てることはできなかった。祖父は、自分の生活スタイルは崩したくなかった。舞子さんを心配するだけだった。母親は、意志が弱く自分で自分の安定した生活をつくることができない人だった。働く意欲はあっても体がついて行かず、条件のよい仕事にはなかなか就けないし、続かなかった。舞子さんは、母親にも、祖父にも裏切られたような気持ちでいたのだろう。親だからといってどんなに期待してもできないことがあること、大人も失敗することがあることなど、予想される困難な状況をもっと想定して話し合っておけばよかった。困ったときは、どこへＳＯＳを出すのかなど、もっと弱さやしんどさを母子と本音で話し合っておけばよかった。プライドが高く人に負けるのが嫌いだった舞子さんは、だれにもＳＯＳを出すことはできなかったのかもしれない。退所するときみんなに送られて、うらやましがられて……、もう一度施設で不自由な暮らしはできなかったかもしれない。だが、自分を大事にするためには、自立するまでは負けるが勝ちということを教えておくべきだった。本当に困ったときもいっぱいあっただろうに……。

舞子さんが、高校にも行かずにアルバイトをして生活している自分を許せるほど成長しているなら、たくましく生きていくだろう。いつか駅の辺りでばったり会ったら、いつでも遊びにおいでと声をかけてやりたい。施設は、退所しても、もう一つのあなたの家であるのだから。

# 今はまだ、答えがないのもひとつの答え

田中　愛（一九歳・女子）

## 三年前の作文集

施設に入所した当初は家族と離れて暮らす不安や不信感から部屋にひきこもったりしました。大勢の人と関わるのが苦手で、中学校も特殊学級で勉強しました。そして高校に入学し、卒業後のことはこれから考えていこうと思っていました。自分の可能性を信じて、人のせいにはしないで、自分がどうありたいかということを自分の中にきちんと置いて、目の前のできごとに一生懸命に取り組んでいこうと思っていると書いていました。

## これまで

愛さんが幼稚園の年中児のとき、薬物を使用していた実父のところに愛さんを置き去りにして母親はいなくなりました。その後、愛さんが小学校四年生のときに母親が再婚し、継父と母、兄、愛さん、妹の五人家族で生活しました。けれども母親は離婚し、母子家庭となりました。愛さんが中学校二年生のとき、母親は子どもたちを残したまま家出をしてしまいました。妹は継父と暮らすことになりましたが、愛さんと兄は二人で生きて行かなければならなくなりました。継父からもらうわずかなお金で食べ物を買ったり、学校の先生に食事に連れて行ってもらったりして生活していました。そして中学校三年生のときに児童養護施設に入所しました。高校に進学し、さらに大学に進みました。

# 『私の今の気持ち』

田中　愛

大学の入学式から四カ月が経ちました。大学生活が始まると、やっぱりいろいろなことがありました。新しい友達、高校時代の頃とは全く違う授業、あの頃考えていたこととは少し変わり始め、不安が生まれてきました。あの頃は楽しいことだけを想像していました。厳しい社会のこととか、一人暮らしの寂しさなんて、たいしたことないと考えていました。でも、やっぱり実際は本当に苦しいことも多く、施設で生活していた頃はどれだけ守られていたかを強く感じます。

正直、施設にいた頃は、同じ施設の子たちとけんかになったり、人間関係のことでイライラしたり、大人に対して、なにかとむかついたりすることがよくあって、いろんな人にそのイライラをぶつけていたんだなあと、振り返って思います。けれど、今一人で生活していると、むかついても当たるところもないし、失敗すると自分が辛くなったりします。あたりまえのことですが、自分のことに責任がついてまわっていることを肌で感じています。

今、私は大学で法律について学んでいます。法律は人に多く関わることができ、多くのことを広く知ることができます。テストなどは難しくて大変ですが、調べることで私の中でまた新しい知識が追加され、成長できそうだなあと感じます。しかし大学は勉強だけが全てだと思っていません。サークル活動や学生間の交流といった場面では、やっぱり人と人の間にはいろいろなことがあるもので、上手くいかないことがたくさんあります。そのたびにどうしようもないくらいの気持ちになることもあり、逃げ出したくなることもあります。でも、私は、本当の意味で逃げ出すことはしたくありません。なぜかというと、私は以前、施設の先生に大学に行きたいと言いました。あの頃、たくさんの夢を私は生意気にも語りました。だから、私は、あの頃の私を口だけの私にしたくないのです。

今、本当にたくさんのことを悩みます。不安になります。そして答えがほしいのにやっぱり見つかりません。そんなとき、私は施設の先生の話をゆっくりと聞きたいと感じます。すごくいろいろなことに疲れた気持ちになったとき、大学を休んでいたことがありました。私は大学のレポートを書くためもあって施設にお邪魔しました。先生たちにパソコンを貸してほしいとお願いすると、笑顔で迎えてくれて承諾してくれました。レポートを書き終え、帰らないといけないことはわかっているのですが、やっぱりもう少し話していたいと思っていると、施設の先生は紅茶を入れてくれ、本当に夜の遅い時間で先生たちも疲れているのに、私と話してくれました。先生に今、自分が思っている不安と、欲しい答えが見つけられないことについて話をすると、今は答えが見つからなくていいのだと言ってくれました。その言葉は答えを探すことに焦って、大事なことが見えにくくなっていた私を落ち着かせてくれました。大事なことは、急いで答えを探して大人になることじゃなく、自分を追いつめながら生きていくことでもなく、ゆっくりでもいいからたくさんのことを経験することだと気づきました。それは楽しいことだけじゃないけど、大事だということにも気づかせてくれました。

母親とは、連絡を取らないようにしています。私の中でまだ母のことを整理ができていないことが大きな理由です。母親のことを考えると、やっぱりむかついたりしますが、私は私の人生を歩んでいきたいと思います。母親のことは割り切りたいと思うけど、今はまだそんな気持ちにはなれません。今は、これはこれとして置いておいて、現在の生活に影響のないように考えていきたいと思います。だから、今も、私と母の時間はずっと止まったままです。いつか会うときが来たら、お互いに理解できるまでに成長していたらよいと考えています。

今の私は、まだ、分からないことが多いし、いろいろなことの答えが見えません。けれど、今は、答えが見えないことが答えだとして、これから続く大学生活や日々の生活を過ごしていきたいと思います。

## 『進学して悩みながら成長していく』

職員　八木 洋次郎

現在、愛さんは短期大学の一年生になりました。愛さんの作文の中に色々な心境が書かれています。施設を卒園して進学することの大変さや進学にいたるこれまでの経緯、関わりなどを振り返ってみたいと思います。

前回の作文集には、高校生になって部活動をがんばる姿や趣味のギターを通して表現する姿などがありました。その後の学校生活も充実して過ごしていたと思います。高校三年間ほとんど休むことなく登校しました。厳しかった部活動では引退するときには涙を流すほど、一生懸命に取り組みました。施設の生活面では、人間関係のことで悩んだり、職員とぶつかったりと気分の浮き沈みはありましたが、愛さんなりに成長している姿が見られました。また、ある団体の歌を作曲して、それをいろいろな所で発表するなど、多くの経験を重ねてもいました。

高校二年頃からは、漠然とでしたが将来について話すようになりました。また施設出身者で大学に進学した人の話を聞いたりして、徐々に進路選択について本格的に考える時期を迎えることになりました。愛さんが自分自身の将来を考えていくにあたって、改めてこれまでの自分自身をみつめ、これからの具体的な道筋を考える機会を施設はつくっていくことにしました。一八歳で措置が解除され一人で歩んでいくこと、厳しい社会に出ていかないといけないことなどの現実を伝えました。そして家庭のこと、母親とも向き合っていかなければならないことを伝えました。その中で愛さん自身から「高校では授業以外のことも勉強になった。いろんな先生のいろんな考え方とか、その人柄とか、部活動での先輩後輩関係とかも学んだ。不登校だった時期があったから、学んでこなかったことがたくさんある気がする。大学に行ってもっと、いろんなことを学んで人間的にも成長したい」と言いました。また「もう親に期待しない」とも言いました。彼女のいろいろな気持ちや意思が明確になってきました。担当職員から見ても、先生から様々なことを教えてもらい、学びの大切さを実感できる高校生活だったようです。愛さんを見ていると、積み残したことを取り戻すために、様々なものがつまっている大学での教育の必要性を感じ、視野をもっと広げていくことが愛さんの成長にとって必要であると考えられ、進路の方向性が徐々にはっきりと見えてくるようになりました。

しかし、施設を卒園して、大学に進学するということは簡単なことではありません。担当職員として当初はその進路に、特に経済的な面での心配があったのも事実です。居住地を転々としている母親のサポートは受けられません。そのため自ら生計を立てながら学業に取り組むために寮付きの新聞奨学生の説明会に参加したりしました。働きながら学生をするといっても、どのくらいの費用がかかるのかを算出したり、具体的に考えれば考えるほど、置かれている状況と現実の厳しさを目の当たりにすることになりました。結局、住まいについては、施設に隣接する退所児童支援施設を利用し、そこから通える大学を考えることになりました。また同時に、本人の経済的負担を少しでも軽減するために、施設から進学する子どものための奨学金や助成金申請を行い、何枚も何枚も作文を書きました。そしていろいろなことを考慮し、最終的には公立の短期大学を受験することになりました。

そして四月、期待と不安を抱え、短期大学に入学し、新しい道を歩むことになりました。大学生活は、本人の作文にも書いてあるように、楽しいことばかりではありません。新しい不安や葛藤を抱え、社会にでたことの寂しさや厳しさを目の当たりにして日々を過ごしています。施設の隣に住んでいるので、会うたびに話をしたり、時々ご飯を食べに行ったりして、ゆっくりと近況を聞きながら愛さんと関わっています。施設として十分にバックアップ体制が整っているとは言えません。できる限り愛さんの相談や要求には応えていけるようにしていきたいと思っています。

一八歳で措置が解除されはしましたが、施設や職員との関係は簡単に切れるものではありません。困ったときや自分で答えが見出せないときは、近くの大人に相談をし、自分の意思を大切にしながら、まずは一つめの目標である短大を卒業してほしいと思っています。そして少しずつ自分が描く自分像に近づいていけるように歩んでほしいと思います。

今、こうして振り返ってみると、現在も新しい生活の中で不安を抱え、本人には自身の成長が見えなかったり気づきにくいかもしれません。けれども確実に成長していると感じます。それは様々な問題を徐々に乗り越えてきた結果だと思います。

## インタビュー

＊二人の関係は？
職員　八木 洋次郎さん（以下、八木）　施設に来てから。中三になるときに来たから三年半ぐらいですね。
＊どんな子どもだった？
八木　来たときと比べると卒園するときはずいぶん変わった。成長が著しい子だなという印象。中二の三月に来て、中三の一年間はこもっていた。あまり外に向かうことがなかった。公立高校に入ってから、部活動やボランティア、ギターを覚え始め、変わってきた。
＊印象に残っている出来事は？

愛さん　あまり思い出せない（笑）。プラスの面はあまり思い出せない。マイナスが大きかった。

**＊マイナス面、たとえば？**

愛さん　やっぱり施設に来たばかりのときはしんどいし、現実を受け入れるまで、結構、時間がかかるし、迷惑をいっぱいかけた。仕方なかったと言えばそうかな。今だからそう思える。あのときはなにが悪いのかも分からなかった。

八木　ここに来る前、お兄ちゃんと愛ちゃんという兄妹で一時保護所にいた。両親が子育てできない状況になって、兄妹二人になった。定員などの関係で兄弟が別の施設になってしまうこともあるから、兄妹がバラバラになってしまうかもしれないと思った。その辺はなんともならないのかなと思った。それで、ここに来てからの印象ね？　手首切ってたこととか（笑）。内向きのときはいろいろ心配することが多かった。中二の終わりのとき、高校進学ができるだろうかと心配した。もともと不登校だったので一年間でどこまで変われるのか不安だった。高校進学しないと施設になかなかいられない状況もあるから、なんとか高校進学できないか考えていた。そうしたら次第に勉強をがんばり始めて、ギターを中三の夏に始めた。ギターをやりながら、特別支援学級で個別授業を受けていた。その変わり様が印象的だった。あと、クラスに入れないというのがすごく印象的だった。

愛さん　なんか、どうしても恐かった。

八木　息苦しいって言ってたもんね。
愛さん　学校行かないことが続きすぎて、登校することが当たり前のことではなくなっていた。最初は大変だったけど、高校には行けるようになった。
八木　クラスに入れないということは高校選択をするときには困ったね。少人数編成のクラスでも、同年代の子がいるわけだから、選びようがないからね。だから最初は夜間の高校とか、少人数の高校を探したね。
愛さん　やってこなかったことを、高校でできて感動することが多かった。「教室でこうやって座ってる！」「先生に質問しちゃってる！」みたいなこと。そういう一つひとつがうれしかった。それから周りの人に恵まれた。部活の先輩もすごく私を守ってくれた。

＊家族と連絡は？

愛さん　お兄ちゃんとは、取っています。お父さんは元々他人だから、連絡取らないってことになっている。お母さんには自分のやってきたことをきちんと意識してもらいたい。だからお母さんが連絡取りたいと言っても釈然としない。おかしな感じです。
八木　ここに来てから一年ぐらいは母親となかなか連絡が取れない状況だった。半年後ぐらいで場所が分かった。母親も、自分の生活が忙しいみたいで、なかなか連絡が取れなかった。結局あまり連絡を取らなかった。今は九州の方にいて、仕事はしてないようです。まだまだお母さんも自分の生活でいっぱいのようで、関係はなかなかいい方向には向かってはいきません。今回の大学進学の際に保証人のこととか、お金のこととか、緊急報告を含めて連絡はするようにはしていましたが、取れたり取れなかったりという感じでした。

愛さん　お兄ちゃんはちゃんと働いています。でも、信頼はしていない。一緒に住みたいって言われても住めない。今は家族が一緒になるときではないと思う。

八木　家族が一緒になれるのは何十年後か先だよね。連絡を重ねることで親子関係とか家族の在り方が変わってきます。今はこのままでいいと思う。

＊大学進学でなにか問題は？

愛さん　それはお金ですね！　お金、お金！　それから、住まいのこと。なにかあったときに誰にも頼れないってとこが見えてなかった。

八木　これまでの卒園生も心配な子もいて、社会に出て、帰ってくる所がない場合、戻る場所として、退所児童支援施設に住んで通うというのもよいと思う。彼女の場合、短大の近くに住んで通うことも検討したけど、交通費や寮費、光熱費など考えると、ここから通った方がお金の面ではよかったのでここから通っています。

愛さん　お金のことだけじゃなくて、全部断ち切ってあっちへ行っちゃうと、ダメだったと思う。

八木　ここでいろんな人間関係を築いてきたので、そこを切って最初から始めるっていうのはあまりにもリスクが高い。ここだったらちょっとしたことでもすぐに相談できるし、安心感もあると思う。お金の方は、なかなか貯まらないという状況で悩みどころですね。大学に行けた理由としては、卒園した子が専門学校とか大学とか行くための基金が施設独自につくってあったこともある。いくつかの団体の奨学金制度とか、ある団体のイメージソングをつくったときにもらったお金、バイト代で一年分はなんとかなった。残りの一年分の三〇万ぐらいをどうするか考えています。

**＊どれくらいのペースで二人は連絡を取っている？**

愛さん　結構、施設には来ます。まだ離れられてないから。親離れが遅いって感じです。一週間に一回ぐらいは顔出してます。人にとってはなんでもないことでも、私にとってはなんでもあることとだったりもしますから。物事を大きく受け止めすぎちゃうから、それがマイナスになるときもある。

**＊二人が真剣に向き合って話したことは？**

愛さん　口論はめっちゃある！　私はすごい主張するから。高三の時期は四年制大学に行きたいとか、いっぱい話したよね。

八木　大学進学について、施設の中でもいろんな立場でいろんなことを職員が話しました。四大行って女の子で四〇〇万円の借金を背負って社会に出て、家庭の基盤があったりすればやっていけるのかもしれないけど、ない子でそれだけ背負って結婚とか出産とかいろんなこと考えるとリスクが高いんじゃないかとか、高校出て働いてOLさんやったほうがよいと言う職員がいたり、アグレッシブに攻めていけって言う職員もいた。どれも間違ったことではないと思う。

愛さん　園長が好きなようにやらせてくれた。

八木　本人もよく言っていましたが、高校の授業で学ぶことと先生からいろいろ教えてもらうことが多かった。そういう学校教育を小学校の時代からずっと受けていなくて、欠落してた部分があったから、本人が学校教育を受けたいという意思が強かったと思います。そのため大学に進学して学んで社会に出ると本人のためになるのではと考えました。

＊お互いに、どういうときに信頼してますか？

八木　いろいろと話をしてくれることですかね。昼間は忙しかったりするから夜に話を聞けたらよいと思います。やっぱり岐路に立ったときの判断は迷ってるし、誤るときもあるし、そういうときは話を聞きたい。

愛さん　これからは進路を考えなければならない。厳しいけど、どうにかしなきゃいけない。動物関係の仕事につきたいけどなかなか難しい。

＊これからどのように生きていってほしいですか？

八木　今は一九歳で、まだ若い。これからいろんなことが待ってると思うので、そういったことに挑戦していってほしい。なにもしないで止まって悩むより、失敗してもいいから挑戦してほしい。そして多くの失敗をしてそこから多くのことを学べると思うので、自信を持って自分の選んだ道を突き進んでほしい。

＊愛さんはどういう人生を歩みたい？

愛さん　人に恥ずかしくない生き方をしたい。ここの子が少しでも、私を見て、大学に行きたいとか、こうなりたいとか思ってもらえるようになりたい。そして人生でいうと、自分の中の信念を曲げないようにしていきたい。今までずっと逃げ続けてきた感じだし、長い間の休みをとったたって感じがする。だから、なにかしんどいことが起きたとしても逃げちゃだめだって思っていたい。休んだ時間をきちんと頭に入れといて、休んだ分を取り返したい。誰よりもがんばらなきゃいけないし、誰よりもいろんなとこに行っていろんなことをしたい。

八木　アクセル全開すぎるのもどうかと思うけどね。

＊職員をしていてよかったと思うことは？

八木　やっぱり、子どもの成長を見られることですね。幼児は背丈が伸びるし、できないことができるようになったりします。中高生はそんなはっきりした成長はなかなか見られませんが、いろいろ葛藤して、乗り越えたりする中で、一つずつ次のステージにみんな向かっているので、それを近くで見ていると、やっていてよかったと思う。直接関わってるからこそ感じ取れるものがある。よい方向に向かってることばかりではなく、中にはちょっと傾いてる子もいる。そこにどう自分が関わっていけばいいのかを考える過程はやりがいでもある。一八歳で卒園になってしまうけど、人間関係は卒園してからも繋がっている。何年か前に卒園した子が結婚の報告をしてくれたりするときも、この仕事していてよかったなと思う。

**＊今後、児童養護施設はどうなっていくことがいいと思いますか？**

八木　子どもを守る仕事が施設職員の役割です。子どもを守るためには職員も守られていないと、子どものことが二の次、三の次になってしまう。そういう意味では労働環境を整えることが大事だなと思う。人員配置のこととか研修体制の充実は必要です。みんながプロフェッショナルかって言ったら、そうではない。毎日の実践を重ねながらだんだんと職員も成長していく。生活している子どもたち十人十色の個性を持っている。だから職員も子どもたちに適した関わりができるように学ばなければならない。それは心理の勉強だったりとか、制度面のことだったりとか、広く学ぶ機会は常に与えられていて、学びながら、毎日の援助ができるような体制になっていくと、今よりは職員が辞めなくてもすむだろうし、子どもの笑顔も増えると思う。職員の資質や個人の力量が高まるような形がつくられていくといいと思います。

愛さん　子どもの個性とか雰囲気はいつも変わる。それは大人がどうあるべきかでも変わってくるし、職員によっても変わってくる。子どもについての固定概念を持ってほしくない。子どもたちは、自分はできないとか自分は施設にいるから愛されてないんだとか、そういうものをどっかでやっぱり持っている。それから今の子たちを見てると、怒ってる子とか目立つし、不安がっていたり、感情の出し方が雑な気がする。せっかく職員と一対一の時間があってもちゃんと話さずに怒って言うだけだよね。「私はこういう理由でこういうことがしたいんだ」っていう説明ができない子が多い気がする。大人で言うと、この子はこうなんだとか、変わらないんじゃないかっていう諦めもあったりする。大人と子どもがもっと話せる場をつくれるとよいと思う。大人と子どもが話せる場と時間をつくるのが大事だと思う。それに子ども同士の関わりも少し薄くなっていると思う。

# 安心できる「居場所」で、自分らしく生きたい

橘　渚（二一歳・女性）

## 三年前の作文集

自分の中に残っている入園のときの様子、そして卒園まで抱き続けた施設生活への思いなどが書かれています。渚さんが抱いた「なぜ自分はこんなところにいるんだろう」「自分が帰ってくる場所はどうしてここなんだろう」といった気持ちは施設の子の誰もが思っているに違いありません。そして施設生活の中で起きるいじめの様子、そうしなければならない子ども集団の力関係なども書かれてありました。そういった生活を重ねると人を信じることもできなくなってしまったこと、家族を頼りたくてもうまく頼れない状況など、施設での暮らしが綴られていました。そして母親が再婚し、新しい父親ができたがどのように接したらよい

のか困っていること、母親が妊娠していること、そのことを素直に喜べないことも書かれてありました。

**これまで**

渚さんは、両親の離婚後、養育が難しいということできょうだい四人とともに児童養護施設に入所しました。児童養護施設で六歳から一八歳まで過ごしました。渚さんが高校二年のときに、母親は再婚し、出産しました。高校を卒業した渚さんは施設を退所し、就職しました。

## 『私にとっての家族のその後……』

橘　渚

社会に出てみて

施設を高卒で卒園し、寮のあるパン工場に就職しましたが、朝は七時半からと早く、残業は毎日のように三時間あり、きつくて二カ月で退職しました。

そのあと家に戻り、すぐに車の部品工場で働き始め、今もその仕事を続けています。毎朝決まった時間に起きるのは辛いし、長時間同じ作業の繰り返しは大変です。やはり自分がやりたいと思える仕事を見つけた方が楽しく、苦痛にならずに働けると思います。けれども今、やりたいと思える仕事があるわけではありませんが……。

そして副業として週末はキャバクラで働いています。キャバクラというと偏見を持って見る人もいるけれど、キャバクラほど楽しく自分の実力を試せる職業はないと思います。キャバクラはお客さんによって話すことを変えなきゃいけないし、話し方やテンションなどもお客さんに合わせなければなりません。やり始めた頃は大変だったけど、今では楽しく働いています。先輩とも楽しくおしゃべりしたり遊んだりして、自分にとってはとてもよい職場です。こうして社会に出たことで、人の輪が広がり、自分で自由に使えるお金が多くなり、お金の使い方を覚えることができたことはよかったと思います。

施設を出て改めて思うことは、施設は我慢を覚え、精神的に強くなれた場所だったということです。一方、今は自由になれてうれしいです。夜も普通に遊びに行けるし、先輩との飲み会にも時間を気にせず参加できるようになりました。ただ施設を出て困ったこともあります。施設にいた頃は甘えるという発想すらなく、なにをもって「甘え」というのかわからないまま卒園したので、恋人に甘えたくてもどう甘えたらよいのかわからない時期がありました。

## 家族との生活

施設を卒園した今、施設にいたときとは家族に対する思いや考えが変わりました。

初めの仕事を退職したとき、寮暮らしだったので、そこを出ていかなければならなくなり、自分から頼んで母の所で一緒に暮らし始めました。もちろん、新しい父と母のお腹の中にいた子どもも一緒です。

正直複雑でした。家族と一緒に過ごすことよりも、施設で過ごしてきた方が長いのでどう接すればいいのかわからず、やっと家族と暮らせるといううれしい気持ちがある反面、複雑な気持ちになりました。母が住んでいるアパートに引っ越してきましたが、ちょうどその頃、母は子どもを出産し、父の実家で過ごすことになりました。だから最初の二カ月くらいは一人で住んでいるようなものでした。そして二カ月後、母たちと住むようになり、そのとき住んでいたアパートでは狭かったので引っ越すことになりました。引っ越す

ときに妹も一緒に暮らすことになりました。最初は家族で住めるうれしさと楽しみがありました。実際、病気になったときにはおかゆをつくってもらうなど、実親からつくってもらえたというささやかな温もりを感じることもできました。もし今後、なにか私に一大事があれば、助けてくれるのはきっと母なんだとも思えます。

ただ、実際に一緒に住むと嫌なところもたくさん出てきて、家にいるのが嫌になり、ストレスになっていきました。洗濯や掃除を自分の好きなときにできず、いちいち指図されるという煩わしさもあります。他人同士がいきなり一緒に住むようなもので、それまでに身に付けてきた私と母のそれぞれの生活の基準があり、どちらかに合わせることは苦痛になるだけでした。正直に言えば、私が思い描いていた家族とは違いました。

成人をしたことで社会では大人と言われる年齢になり、自分でお金を稼ぐようになりましたが、たまに親のために働いていると思うときがあります。友達に生活費を家に入れていることを話すと「えっ……マジで」や「親子なんだよね……？」などとびっくりされます。そして「そんなの家族じゃないよ。ちょっと異常だよ。おかしいよ」「早く家から出て行った方がいいよ」と言われたこともあります。私は家族で住んだ記憶がないので、普通の家族がどういうものか解りませんが、異常だと言われればそうなのかもしれません。自分でも毎月こんなに生活費を入れなければ、今頃貯金もたまっているだろうし、自分のしたいこともできているだろうな……って思います。

愛情

日常生活の中で親からあまり愛情というものは感じません。父とはもともと、ほとんど会話を交わしませんでした。私は家の中で「自分の居場所」が欲しかったけれど、結局母にそれを求めても無駄でした。居場所とは自分にとって安心のできる場所です。安心とは、自分のことを想ってくれているという安心感のことです。今、幸いにも私には彼氏がいて、その人が私にとっての居場所をつくってくれています。

家族としてのこれから

それぞれの家族によって、家族のあり方は違うと思います。母とは恋愛話をしたりします。失恋したときに「あんたを振った男のためにあんたが泣いたりするな。あんたにはもっといい男が現れるから」と言って、励ましてくれました。ときには友達のように接することができる母が大好きで、母が私の母親でよかったと思います。母は強い人で私の目標であり、尊敬する人です。これからも一緒に暮らしていけば、腹が立つこともあると思うけど、お互い間違っていることは間違っていると言い合える関係を築いていきたいです。

自分の夢

私は今、家を出たいと思っています。理由は家族との関係以上に、今の彼と結婚して、彼との家族をつくりたいからです。自分の居場所が欲しい、好きな人とずっと一緒にいたい、自分だけの家族が欲しいのです。恋人と二人きりで一緒にいられる時間がとても幸せで楽しく、彼と一緒にいる未来が想像できます。それが私の夢なのです。

私の理想とする家族は、子どもに愛情を持ち、自分らしくいられることです。ある友人の家族を見て、「こんなのいいなぁ」と思ったりします。親は子どもと向き合っていて、ちょっと転んだだけでも、「大丈夫?」と心配して抱きかかえたりしています。子どもは全身でそんな親に抱きつき甘えています。子どもとそんな関係になれること、それが私の理想であり、夢なのです。

## 『家族との実生活から考える』

職員　山本　純也

### 家族との生活をスタート

三年前の作文にも綴ってあるように、渚さんは幼い頃より、「なぜ私は実親と離れ離れに暮らさなくてはならないのか」という命題について常に自問を繰り返してきました。それは施設に入らなければならない理由を誰かに説明されてきたか、という問題ではなく、ぽっかりと開いた寂しさを埋めきれない心の叫びだったような気がします。

施設の子どもたちは、親と離れ離れにならなくてはならなくなった現実を「捨てられた」と表現することがあります。大人側からすればなにかしらの事情があったでしょうが、子どもの寂しい気持ちからそのような受け止め方に傾倒させてきたのだと思います。

それでも子どもは一方で、親が自分のことを本当は愛してくれているのだと、どこかでつながりを信じていたりもします。「家に戻りたくない」とか「親を絶対に許さない」と口では叫んでいても、親を目の前にして「これまでごめんね」と言われることで、許してしまえるのもその証でしょう。渚さんも同様で「家族はなによりも大切な宝物です」という言葉を三年前の作文の最後に書いていたことからも、そのことが理解されます。

しかし、重要なのは親子での生活を実際に体験するということです。理想や想像上のものではなく、現実の生活を体感することは、一人の大人として自立していく上で、あるいは自らが子の親となる上で大変意義のあることだと私は思うのです。それがたとえ自分の思い描いていた理想のものではなかったとしてもです。人間には現実を受け止め、それを乗り越えていく智恵があります。渚さんもまた、苦しみを願いに変え、思い描いていた理想を自らが努力する中で、現実のものとする能力があると私は信じているからです。

渚さんは高校を卒業後、施設を出て就職しました。しかし思った以上に仕事が過酷なため転職をすることになりました。そして行くところがないという理由で自ら両親に頼み、家族での生活をスタートさせました。

渚さんにとって、「家族との生活」は在園のときからの最大の関心事でした。母子家庭だった渚さんは、自分は母からどのように思われているのか、母が再婚すればその夫（義父）から自分はどのように思われるのか、と不安を持ちながら、親から見られた自分を常に意識してきました。そんな中、高校を卒業し、施設から出て、自立の段階で渚さんは長い間経験してこなかった家族との生活が始まったわけです。

戸惑い

渚さんの家族に対する想いは、どんなに求めても手に掴むことのできない憧れの中で膨らんでいきました。しかし、渚さんは徐々にその憧れから冷めていき、早く家から出たい、早く結婚して自分だけの家族を持ちたいと思うようになりました。

その原因はどこにあったのでしょうか。もちろん家族を大切にしていきたいという思いはあったでしょう。その一方で家族の中にあって「愛されたい」という願望もあったに違いありません。そのことが理想と現実のギャップを生んでしまったのではないかと思います。「愛される」ということは、なにもできない赤子であれば親からミルクを与えてもらったり、オムツを交換してもらったりする中で、情緒的な交流が深まり、自然と愛されているという実感を得ることも可能でしょう。けれども既に社会人となっている渚さんは、それをどう表していけばよいのかわからなかったのではないでしょうか。施設生活が長かったという生育暦を理由に恋人にどう甘えたらよいのかわからなくて困っていたように、両親に対しても自分をどう表したらよいのか困っていたことが想像できます。

しかし、それは両親にとっても同じではないでしょうか。お互いの想いの交流が、今の関係を表しているのですから、親子という長い歴史の空白をどう埋めていけばよいのか、両親も困惑しているのだろうと思います。

## 大人として成長していくために

親子の間に生じている距離感を縮めていくためには遠慮があってはいけないと思います。たとえば、掃除や洗濯といったことにお互いの生活基準が違うことで苦痛を感じているのであれば、そのことについて話し合う必要があります。渚さんは、母親と話し合うのを、「めんどうくさい」と言って、結局は何も言い出せずにいます。「そんな（話し合う）エネルギーはない」とも言います。衝突して傷つく結果になることを怖れているようで、どうもマイナスイメージしか浮かんでこないようです。それは在園中、父母から自分がどう思われているか不安に思っていた姿とも重なります。

話せないことがコミュニケーション不足となり、そのことから家にいても一人で生活しているようなものになり、結果、愛されていない、想われていないと思い込んでしまっている構図があるような気がしてなりません。

生活費の金額のことがひっかかっているのであれば、それを母親と納得のいくまで話せばいいし、もし双方の折り合いがつかず、家を出たいというのであれば、それも選択肢の一つなのだと思います。

渚さんなりに自立のための試算はしたものの、家を出てアパートを借りて、その他の生活費が足りるほどの資金はないとのことでした。

高い家賃のアパートは借りられないでしょう。家賃が安ければ立地が悪かったり、築年数が古く見た目や設備も物足りなかったりするでしょう。そして遊ぶお金も節約しないと生活がやっていけませんから我慢も必要になります。あちらを立てればこちらが立たずの状況になるわけです。そういうジレンマを感じているのが、今の渚さんなのでしょう。それでも結果として、両親の元で生活することを自分で選択しているわけですから、そのことを受け止め、逃げの姿勢ではなく正面から両親と向き合ってもらいたいと思います。このことが渚さんを一人の自立した大人として成長させていくのでしょうから。

## ■■■ インタビュー ■■■

＊渚さんは施設ではどんな子でしたか。

職員　山本 純也さん（以下、山本）　渚さんは四人兄弟で、七歳から約一二年間、児童養護施設にいました。大人しく、コミュニケーションが苦手な子だったので、あまり笑うような子ではなかったように思います。けれども畑で採れたシシトウを持ってニッコリ笑ったりする一面もありました。

＊家族とはどんな接し方でしたか。

山本　母親に対して遠慮がちな子でした。親子遠足では、母親とは離れた場所にいました。高校生まで、親への思いなども口には出したりはしませんでした。

＊施設を退所するときに進路でどんなことが問題となりましたか。

山本　進路については、行けるところが限られていたので少し悩みました。

＊就職についてはどうでしたか。

山本　退所してパン工場で働いたのですが、辞めて、それからは水商売をしています。本人も楽しいと言っています。

＊施設退所後のアフターケアはどうでしたか。

山本　渚さんは、特にアフターケアの必要な子ではありませんでした。今は、施設に半年に一回くらいの頻度で来てくれます。施設に来たときには、母親と暮らしていることなどについて不平・不満などをもらしたり、彼氏との関係のことなどの話をしています。

＊職員として子どもたちに対してどこまでアフターケアが必要だと思いますか。

山本　子どもがいつでも顔を出せたり、連絡できたりという体制が必要だと思います。困っているときだけでなく、なんとなく懐かしくなったときでもいいので、いつでも卒園生を受け入れる体制が必要だと思います。私自身は、アフターケアとして、卒園して一年間は家庭訪問をします。しかしやはり二、三年経ってくると、一年目よりも回数は徐々に減ってしまいます。もしかしたら、アフターケアを本当に必要としている子というのは、施設に自分から来てくれる子たちよりも、施設に来ない子かもしれないですね。

＊本人と真剣に向かい合って話したことはありますか。

山本　思春期あたりは特にありますね。そのときにしなければいけないことが、できなかったりしたことを話しましたね。

＊子どもが信頼してくれているなと感じたのはどんなときでしたか。

山本　「ちゃんとわたしのこと見てくれたのは山本さんだけだったよ」というようなことを卒園のときに言ってくれました。しかし私としては、彼女とは少し関わりが浅かったかもしれないと思っています。

*施設の子どもたちに対して将来どう生きていってほしいと考えていますか。

山本　「一人で生きていかなきゃいけないわけではないよ」ということです。一人で抱えこまないで、誰かに頼ってみてもいいこと、そしてまた逆に誰かに頼られることのできる、そういう相手との信頼関係を上手に築いていってほしいです。そういった中で友人や家族、その他のいろいろな人と関わり、協調性や連帯感を身につけていってほしいです。

*この仕事をしていてよかったと思ったのはどんなときですか。

山本　子どもの感性に触れたときは、面白いと思います。たとえばですが、みえみえの嘘なのに必死に隠しているような、そんな子どもらしさや、あっと驚くような斬新なものの見方に触れたりするときは、とても面白いです。そんな和ませてもらえる子どもたちと関われることを、本当に幸せなことだと思っています。

*児童養護施設は今後どうなっていくことがよいと思いますか。

山本　形態としては、子どもが自然でいられる環境であることです。そして優秀な『人材』を揃えていくことだと思います。

# 大学進学、その後……

上田　翔（二一歳・男性）

## 三年前の作文集

前回の作文集で、翔君は職員からのインタビューに答えていました。大学受験を控えている時期であり、高校を卒業し施設を巣立っていかなければならない時期でもありました。インタビューでは施設の生活には不満はないと答え、勉強をがんばっていると話していました。翔君は将来の夢を叶えるために大学を卒業しなければならないとも話していました。けれども夢の具体的な内容は語ってはいません。

## これまで

翔君が小学生のときに母親が再婚しました。継父は中学校を卒業し厳しい調理の仕事に就きました。子どもたちにはよい学校に進学して欲しいと思い、厳しく管理しました。門限、家業の手伝い、勉強時間の設定、体力づくりの運動など、守らなければならないことがたくさんありました。守らないときには暴力もふるわれました。高校に入学し、継父の暴力について担任に相談しました。それをきっかけにして、児相に連絡し、児童養護施設に入所しました。そして高校を卒業し、施設を退園しました。

# 『夢に向かって歩いているのだろうか』

職員　工藤 光一

翔君は、福祉系の大学に合格し、将来を夢見て、母親と兄妹のいる家に帰っていった。あれから三年。初めの頃は児童養護施設に遊びに帰って来ていた。明るい顔をして「がんばっているよ」と話していた。大学三年生になった頃、母親とうまくいかなくなって「家を出るかもしれない」と言っていた。それから、施設の方へ出入りするのが少なくなってきた。電話で、「アルバイトで疲れてしまって、朝、起きられない。大学の一限目の授業の単位が取れないかもしれない」と話していた。大学の学費は母親が出してくれることになっていたので、そのことを聞いてみたいと思ったが聞けなかった。そしてそのまま連絡が取れなくなった。その後、施設に「どこか実習できる所を教えてほしい」との電話があったと聞く。大学は続いているのだと少しほっとしたことを覚えているが、現在は音信不通になってしまっている。

# 育児が楽しい毎日、いずれは保育士資格を

斎藤　梨奈（二八歳・女性）

## 三年前の作文集

梨奈さんの家は両親の喧嘩が絶えず、そして両親は離婚しました。そのため梨奈さんは父と生活することになりました。彼女は学校でもいじめられていました。そんな梨奈さんは保護されてほっとしました。施設の生活は家よりもよいものでした。梨奈さんは施設にいることを恥ずかしいとは思わなかったけれど、友人から陰口を言われたりして嫌な思いもたくさんしました。そんな中で真に信頼できる友人とも出会えました。卒園後、専門学校に進学しましたが、中退し、仕事をいろいろ変わり、たいへんな生活であったことが書かれていました。

## これまで

梨奈さんは中学一年のときに児童養護施設に入所しました。父親は真面目に会社で働いていましたが、母親の浮気と借金、子どもたちの世話をしないということから両親は離婚しました。梨奈さんは父親に引き取られましたが、父親一人では養育が困難であるという理由から、施設に入所しました。

## 『私が進むべき道を教えてくれた夫に感謝』

斎藤　梨奈

施設を卒業した後は、施設で過ごした自分の経験を生かして、子どもたちの不満や不安が少しでもわかる職員になりたいと思い、保育の専門学校に進学しました。昼は保育園で働き、夜、学校に通うという毎日でした。働いたお金で、自立するときに親に借りた部屋のお金を返し、それ以外を生活費に当てて、なんとか暮らしていました。朝早く、夜遅い毎日に、時々「何をやっているのだろう」と感じるときもありましたが、保育園で子どもたちの顔を見るとがんばることができました。お金のやりくり以外で言えば、充実した毎日だったと思います。しかしその後、生活していけるだけのお金がなく、学校を途中で辞めてしまいました。

施設卒業後に、施設の友達を通じて出会った恋人がいたのですが、その彼氏とも別れ、以前よりもお金に困ってしまいました。朝から夜まで働ける職場を探し、一日にいくつも仕事をかけもちして過ごしていました。お金のないときには、食費節約のため、水だけを飲んで生活したこともありました。

その後、同じ仕事場に新しい彼氏ができました。その頃に、私がマンションの階段から落ちてしまったのですが、そのとき彼は、どんなふうに私が落ちたのかを防犯カメラで確認し、「わざと自分から落ちていっている」と言い、医師に言われた訳でもないのにミュンヒハウゼン症候群だと決めつけられてしまいました。ミュンヒハウゼン症候群とは、周りの人を自分に注目させるために、ウソの話をしたり、自分の体を傷付けたり、病気になったフリをする病気のことです。彼氏と同じ仕事場だったために、会社中に私がミュンヒハウゼン症候群だと広められてしまい、会社を辞めなくてはいけなくなってしまいました。

その後、前の彼氏（現夫）と連絡を取り合うようになり、もう一度付き合うことになりました。そして、もう一度、保育士資格を取ろうと、お金を貯めていた頃、妊娠したことが分かり、彼氏と結婚することを決めました。

現在は、夫も育児に協力してくれ、楽しい毎日を送っています。夫の両親も、子どものことをとてもかわいがってくれています。そして、私の父も不器用なりに気にかけてくれています。育児が落ち着い

たら、いずれは保育士資格を取りたいと考えています。この三年間で結婚、妊娠など生活が大きく変わりました。今の夫に出会い、自分自身成長することができ、とても考えさせられました。また、私が進むべき道を教えてくれた夫に本当に感謝しています。

## インタビュー

＊どんな子どもでしたか

梨奈さん　職員からはまじめな子どもに見えていたと思う。中学三年生の夏休みに施設に入所し、今までの生活からずいぶん変わったので、施設での生活の仕方がわからず不安でしたが、徐々になじめるようになりました。

＊両親との関わりはどうですか

梨奈さん　結婚、妊娠の際に二度くらい父を通じて母と連絡を取りました。父とは、よく連絡を取っています。母とは関係がよくなるまで、子どもにも会わせようとは思っていません。

＊進路問題として何かありましたか

梨奈さん　進学を希望していたので、学校や予算など自分で調べてから、職員に相談しました。退所後の住居が金銭的に困難で、親に部屋代だけ借りて、学校と仕事を両立しながら返済しました。
＊担当職員と真剣に向かい合い議論したことはありましたか
梨奈さん　悩みや進路などは真剣に相談したことはあります。入所中は、いい子にしなければいけないと思っていたので不満などは言えませんでした。
＊職員を信頼していますか
梨奈さん　退所するまでは、信頼していました。その後、なにかのきっかけで信頼を失くしてしまった。けれども子どもが生まれてからは、自分のためにやってくれたのだと思えるようになりましたし、あのとき言ってくれたおかげで今があると離れてから思えるようになり感謝しています。
＊今後の児童養護施設についてどう思いますか
梨奈さん　恥ずかしいとか、嫌な場所だと子どもが思うことなく「家」だと思えるような施設になってほしい。ＤＶやネグレクトなどが最近ニュースになってはいるが、児童養護施設については世間では知られていない。少しでも多くの人に知ってほしいと思う。けれども施設の子どもたちをかわいそうなどと思わず、普通の子と認識してほしい。『施設＝よくない』という偏見が減れば施設をとりまく環境もよくなると思います。

# いろんな人に助けられて、独りぼっちじゃなかった

鈴木　あゆみ（二六歳・女性）

## 三年前の作文集

あゆみさんの母親は精神的に不安定な人でした。父親との関係は無く、父親に対しての思い出もまったくありません。家にはいつも母方の伯母が来ていて、あゆみさんの身の回りの世話等をしてくれていました。あゆみさんが物心ついた頃に母親は病気がひどくなり、養育が困難となってしまったため施設入所となりました。小学生の頃は、大きい子に理不尽なことを要求されたり、使い走りさせられたりと施設の生活は苦痛でした。学校が天国のようだったと、述懐しています。中学校に入学してからは、今まで我慢しながら生活していた反動からなのでしょうか、悪い事等に興味を持つようになり、反社会的行動をするようになりました。

その後、高校に進学したのですが、非行を繰り返し、高校を退学することになりました。数カ月後、美容院の住み込みの仕事を見つけ、施設を退所しました。仕事を始めたのですが、無断欠勤が続き、結局仕事を辞めてしまいました。その後、生活は荒れ、薬物にも手を出すようになってしまいました。夜の商売に身を任せたあゆみさんは、覚醒剤所持で警察に逮捕され、少年院に入院しました。出院後、友人の紹介で知り合った男性と結婚し、子どもが産まれました。子どもに対してとても愛おしく思うこの気持ちを、あゆみさんの母もきっと思っていたのだろうと思えるようになったと書いています。そして施設の職員には親身になって子どもの話を聞いてあげてほしいといったメッセージを送ってくれています。

### これまで

父親が行方不明、母親が精神科病院に入院したため、母方伯母に預けられましたが育てられなくなり一歳三カ月のときに乳児院に入りました。その後、児童養護施設に移りました。兄の就学を機に、母親は関係者の反対にも耳を傾けずに子どもたちを引き取りましたが、一カ月も経たないうちに母親は再入院しました。

そのためあゆみさんは再び施設で生活することになりました。施設から高校に進学しましたが、退学になりました。そして美容院に就職しましたが長続きせず、風俗店で働き、覚せい剤で逮捕され、少年院に入りました。出院後、結婚し、子どもが産まれました。

## 『あれから……』

鈴木　あゆみ

二人目を妊娠中の六カ月目に私は夫と離婚しました。

度重なる暴力と夫の逮捕。子どもから父親を奪ってしまうことに少しの迷いはありましたが、夫婦としてやっていけるのか疑問を感じ、シングルマザーの道を選びました。

夫と離婚後、子育てと仕事の両立がとても大変で、出産もあったため、一時期は生活にとても困りました。役所の方に相談にのってもらいなんとか切り抜けましたが、本当に大変な思いをしました。どうしてこんな思いをしなければならないのか、と自問したこともありましたが、その道を選んだのは私自身ですから前向きに考えていくしかありません。

二人目を出産したときには、親のいる人は、産後も誰かの援助がもらえることを、羨ましく感じたこともありました。親がいてもいないに等しい私にとって、誰の援助もない中での仕事と子育ての両立はとても難しく、金銭的にも苦しく、心無い人からのバッシングもあるなど、悔しい思いもたくさんしました。けれども今ではなんとか生活も落ち着き、親子三人で楽しく過ごしています。

今は職場にも恵まれていて、皆さんによくしていただいています。離婚から二人目の出産にかけての間の苦しかった日々を思うと、あのとき仕事を辞めずに私なりにがんばって働き続けて本当によかったと思っています。

離婚の選択が正しかったのかどうかは解らないけれど、今までを思い返してみると、なんだかんだと私がピンチに陥ったとき、私はいつも誰かに助けられてきたな、と思います。

子ども時代は、「自分だけ幸せになれない」というネガティブな気持ちを持っていましたが、今はそのような気持ちはありません。いろんな人に助けられてきたことで、独りぼっ

ちじゃなかったと、心から思うことができましたから……。
これからも感謝の心を持ちながら、親子三人で明るく暮らしていこうと思います。

## 『自立までの道のり』

職員　村山　明日香

この原稿の依頼がてら、久しぶりにあゆみさんに連絡をした。

挨拶もそこそこに、要件を話そうとしたが、受話器越しに子どもたちの賑やかな声が響き渡り、互いの声がなかなか聞き取れない。日をあらためて入電することを告げ、電話を切ろうとした矢先、「静かにしなさい！」と子どもたちを一喝する声はなかなかの迫力で、肝っ玉母さんと呼ぶにふさわしいものだった。若いながらも一家の大黒柱として、二人の子どもを育てているから当然といえば当然なのだと一人でうなずいた。そんな思いを巡らせながら、あれからもう三年がたったのか、と時の流れのはやさに少しの驚きと感慨を感じながら、一家団欒の空気を感じ取れたことにうれしさも感じた。

よちよち歩きの子を抱え、お腹には赤ちゃんがいる状況で、彼女は何度も夫に暴力を振るわれた。見かねた近所の人が通報し、警察が介入するなど、大変だったらしい。

「離婚によって、子どもたちを父親のいない子にすることになる」、逡巡する彼女の気持ちを聞くこともあったが、子どもの目の前で母親が殴られていることは、間接的にではあるけれど、子どもも殴られていることと一緒であり、子どもの育ちに決してよい影響を与えることではない。自分が幸せになれる道を選択してみてはどうか、と話したことを覚えている。

離婚前、穏やかな生活を送りたいという彼女の願いと裏腹に、夫が薬物使用で逮捕され、あゆみさんは路頭に迷う生活に放り出された。身重の体では雇ってくれる所もなく、生活に困窮してしまう。それ以前に彼女は役所の人にDV相談をしていたが、相談員の人と上手くコミュニケーションが取れず、相手によい印象を与えていなかった。それもあってか、あゆみさんは役所に相談に行くのを躊躇していた。けれども困窮を打破するため、子どもに安全な暮らしをさせるため、生活保護の申請を勧めた。しかし、そこでも自分の意図する気持ちが伝わらなかったようで、憤慨した口調で連絡があった。「役所の人も人間。高圧的な態度や言動をする来談者に気持ちよく援助をしたいと思う人はなかなかいないと思う」と彼女をなだめながら、後日、役所に一緒に同行し、あゆみさんのケアについて相談した。

紆余曲折あり、生保受給が決定し、住居や出産に対しての支援が入ることとなった。とりあえずの急場をしのぐことができるようになり一安心したものだ。

その後、あゆみさんは無事に可愛い女の子を出産した。出産後、私に「親のいる子はいいよね。私は子ども産んだ後も、一人で家事したり上の子の面倒見たり、ゆっくりできない。親のいる子は、おばあちゃんとかが孫の面倒見てくれるけど、私は全部一人でやらないといけない。ずるいと思う」とこぼした言葉に、「そうだね。大変だよね。一人でえらいよね。あなたの娘にはあなたが味わった悔しい思いをさせないようにしてあげてね」と返すのが精一杯だった。

出産してから数カ月経ち、あゆみさんから連絡があった。子どもを保育園に預けて働こうと思っていることや生活保護を中止しようと思っているといったことなどの相談だった。まだ生活が安定していないのだから、生活保護をやめるのは心配だと伝えたが、彼女から予想もしない答えが返ってきた。「生活保護をもらう人ってさ、私の中では病気とかでどうしても働くことができない人がもらうものだと思うんだ。私は、体もどこも悪くないし、仕事もしようと思えばできる。私みたいな人がもらっていたらいけないと思う。本当に困っている人がもらうものだと思うから」と彼女は話す。彼女の生活だって、決して楽な方ではない。それにも関わらず、他者を思いやれる心が育っていたことに、驚きと感動が広がった。

その後、お互い、思い出したかのように、たまに連絡を取り合っている。私からは施設の子どもたちの近況や、こういうことがあったのだけれど、どうやって接していけばよいと思う？といった相談をしたりする。彼女からは、仕事の話や、恋愛の話、二人の子どもの養育相談、あとは昔ばなしである。「あのとき、怒られてむかついた」「私の話を聞こうとしなかった」など、当時は感情むき出しにぶつかっていたことさえも、今となっては互いにとってよい思い出となっている。

子ども時代から成人後の付き合いを通して、人が自立していく過程を垣間見ることができたことは私にとって大きな財産となった。これから先も多くの子どもとの出会いがあると思うが、それぞれの子どもたちが、子ども時代を子どもらしく生きていけるよう、微力ながらお手伝いができればと思っている。

## インタビュー

＊作文を書いていただいたあゆみさんとはどんな関係・どんな子でしたか。

職員　村山　明日香さん（以下、村山）激しい子だった。反社会的行動がエスカレートし繰り返されている子だったので、毎日が格闘だった。どの職員ともほのぼのした関係ではなく、小学校時代から、挑戦的・攻撃的だった。小学校四、五年から茶髪、万引き、ピアスを自分であけたりしていた。すごく気が短く、気が強く、自ら危ない橋や危険な所を渡ろうとしたり、刺激が好きな子だった。物ごとを悪く捉える傾向やマイナス思考の部分があった。

＊あゆみさんとどのように関わっていこうと思いましたか。

村山　ウォームハート・クールヘッド（心は熱く頭は冷静に）。すべて感情に支配されてはいけない。

＊関わっていく中で気をつけたことはありましたか。

村山　言い分を聴くことを心掛けた。怒鳴りたい気持ちなどは抑えながら、事情はしっかりと聞くようにしていた。

＊あゆみさんと親との関係はいかがでしたか。

村山　親との関係はよくない。お父さんのことは大嫌い。母親に対しても、声を聞くだけで、「うっせな、ばばあ」や「きちがいやろう」といったことをずっと言っていた。今は自分も子どもができて、自分とお兄ちゃんを育てるのは大変だったかもしれないと、客観的に見られるようになっている部分もある。

＊あゆみさんが学校中退後、就職の際はすんなり職に就くことはできましたか。

村山　ハローワークに行き、自分で美容室を見つけて採用され、住み込みで働くことになった。

＊退所後のあゆみさんとの関係はいかがでしたか。

村山　退所後も頻繁に施設に来ていた。電話も頻繁にかけてきた。雇用主さんからも電話がきたりして、そのたびに四～五〇分かけて職場まで行っていた。仕事が落ち着くまではと、思い何度も行った。仕事を辞めてしまってからも、「元気？　なにしてる？」のような連絡があったり、施設にも来たりしていた。彼女が捕まって少年院に入ってしまってからも面会に行った。

**＊村山さんは、職員集団のリーダーとしてチーム力をあげるために心がけたことはありますか。**

村山　他の職員に子どもが、私への批判を言うとき、子どもの話を聞いた職員は、私の悪口を子どもと一緒に言うことはダメだよということを徹底した。仕事として、私もあなたも子どもと関わっているので、そうであったとしても私の批判を、共感的に同調することばを発したりすることは、チームを壊すことにつながるから、それは絶対に言わないでね、ということは徹底した。悪口や批判はせず、言いたいことは本人に言ってもらいたい。子どもの見えないところで情報は全てもらい、「こう言ってました」という情報共有をするべきだと思っている。話し合いを徹底して、チーム力をあげていくことが大切です。

**＊職員として、自分の担当した子どもたちに対してどこまでの面倒（アフターケア）をすることが大切だと思いますか。**

村山　子どもたちが施設から社会に出て、新しい世界の人たちと手をつなげるようになるまでくらいが、アフターケアだと思う。あゆみさんについて考えてみると、ご主人と結婚し、子どもが生まれ、ご主人の両親がいるといった家族の輪が広がっていき、安定につながっていって欲しかった。けれども離婚をして、その後も大変なことが続いて、まだ落ち着いているわけではないけれど、子どもがいて、ママ友達ができ、新しい世界の人間関係がつながっていくまでくらいだと思っている。けれども終わりはないかもしれません。

＊なぜあゆみさんを最後まで見ていこうと思ったのですか。

村山　あゆみさんは強いものには向かっていく子でした。立場の強い職員には向かってくるけど、自分より弱い立場の小さい子には、絶対にいじめはしなかった。怒鳴ったりはしても、叩いたりすることは絶対になかった。そういった彼女だから、私も我慢できたし、ずっと付き合おうと思えるのかもしれない。

＊職員としてこの仕事をしていてよかったと思ったのはどんなときですか。

村山　卒業生が今でも電話をくれたりして、今もよい関係を築いていること。職員だった、担当だったとかではなく、近所の人みたいな感じで、電話してくれたり、年賀状をくれたりしてくれること。成長した姿や、退所後がんばっている姿を見たりすると、やっていてよかったなと感じる。

＊児童養護施設は今後どうなっていくことが大切だと思いますか。

村山　長期的に入所しなければいけない子が少しでも減ってほしいと思う。施設は一時的な場所で、家庭が本当に大変なときには施設で暮らしても仕方がないけれど、整ったら家庭に戻っていくというような施設になればいいと思う。

## 今も、昔と同じ野球チームのメンバーで

深津　俊哉（四五歳・男性）

### 三年前の作文集

施設の生活では上級生から下級生に対して無理な命令など頻繁にあり、居心地のよい場所とは言えないこともありました。けれども職員も含めて一緒に生活する大きな家族のようでもありました。施設を退所して建具屋に就職し、ずっと同じところで仕事を続けて二〇年以上になります。まじめに仕事をしてきたことで信用もされ、職場

の親方に保証人になってもらったりしました。施設を退所するといろいろあるかもしれないけれど「負けてたまるかという気持ちと、周りの人との関係を大切にすること」を心がけてきました。

### これまで

二歳の頃、児童養護施設に入所しましたが、入所理由はよくわかりません。俊哉さんは小学生の頃は野球少年でした。高等技能専門校を卒業後、建具屋に就職し、同じ職場で働き続けています。社長夫妻や入所していた施設の職員等に支えられながら、地域の一員として活動しています。

## 『私と児童養護施設』

深津　俊哉

先日施設の職員さんから電話をもらい、前回書いた作文の後、どのように生活しているのか教えて欲しいと言われました。

まだ三年しか経っていません。勤め先もそのままですし、皆さんにお伝えできるような新しい出来事も特にはありません。書く内容も思いつかず断ろうか迷っていましたが、ぜひとも書いて欲しいと言われ、近況も含めその報告をさせていただきます。

施設の卒園生でつくった野球チームが今年で二二年目になりました。我ながらよく続いたなぁと思います。結成した当時のメンバーでまだやっている話をしたところ、職員さんはとても驚いていました。

私が施設でソフトボールをやっていた頃、年一回開かれる施設対抗のソフトボール大会で三年連続して優勝したことがありました。今もこの大会は続いていますが、三連覇したのはこのときのチームだけだそうです。前の園長先生が監督をしてくれましたが、ランニングやノックでしごかれた夏の厳しい練習や、三連覇したときのことは今でもはっきりと覚えています。試合ではブロックサインを使ったり、バントだけの攻撃もやったりしました。そういったことを考えると当時の方が今のチームよりもレベルが高かったかもしれません。

卒園生による野球チームは、このときのメンバーの何人かが言い出して結成されました。思い返してみると結成したばかりの頃はメンバーもみんな若かったので、それなりに野球の実力もあったんだと思います。加入した地区のリーグではすぐに優勝して上位のリーグにも上がることができました。

週末になると必ず施設の前にあるグラウンドに集合していました。最初はみんな練習も真剣にやっていましたが、結局長くは続きませんでした。しばらくするといろんなトラブルが起きました。練習時間になっても人数が揃わなかったり、他愛もないことで練習中に愚痴ったり、エスカレートしてくるとケンカが始まることもありました。また試合の日に連絡なしで欠席したり、九名が揃わずに試合放棄したこともありました。試合中に暴言を吐いたり、相手に乱暴な態度をとって審判に注意を受けることもありました。チームの会費さえ払わないメンバーもいて、私が立て替えて払ったことも何度かありました。

次第にメンバーが入れ替わり、いつ解散してもおかしくない状態になっていました。結局、人数が揃わずリーグへの加入条件が満たせずに、活動を停止することになりました。

ただ二二年経った今もチームは続いています。最初いたメンバーがまた再加入し、今でも一緒にやっているのが本当に不思議なくらいです。メンバーの多くは結婚しました。子どもも生まれていますので、今は練習や試合以外にもいろんな活動もしています。奥さんや子どもがいる者は、夏のキャンプにも家族連れで参加します。恒例の忘年会もずっと続いています。

野球をやっているメンバーとは腐れ縁みたいなものです。今は昔みたいな言い争いや喧嘩もなくなり、全員で楽しい時間を過ごしています。

私個人の生活についてですが、就職してすぐに地域の方々に声をかけていただき、町や郡のソフトボール協会に加入しました。そのおかげで今も町の行事やソフトボールの運営や係としていろんな所で携わっています。多くの方々とのつながりを感じながらの活動なので、それが今一番の充実した時間となっています。

昔は卒園しても仕事になかなか定着できず、週末になると卒園生が施設に出入りしていました。職員にも度々注意され、よくけんかにもなりました。私自身も度々施設に行っていましたので、職員から誤解も受け、嫌な思いをしたこともありました。

今の施設に対しては特になにか言いたいということはありません。ただ時々ソフトボール大会の審判を頼まれますが、そのときに感じることはあります。試合を見れば出場している施設の子どもの雰囲気や子どもと職員さんとの関係がわかります。落ち着いていない施設はすぐにわかります。最近は試合に行っても、勝ち負けよりもなんとなくそんなことが気になってしまいます。

先日、この作文を書く前に職員さんと会いましたが、懐かしい話を沢山しました。久しぶりに昔の出来事を思い出しました。

# 『二二年間続く卒園生の野球チーム』

職員　木股　聡

今回、彼にぜひ書いて欲しいと頼んだのは、二二年前に卒園生が結成した野球チームのことでした。既にチームは解散していると思っていたのですが、まだ活動が続いていると聞いて本当に驚きました。

「これまでの野球やソフトボールへの取組みで得た自信と、そこでの出会いを通して築かれた人間関係が、現在の彼の生活を実り多きものにしている」と、前回の作文集で、彼のこれまでの人生についての講評がありました。そうだとすれば、その中には卒園生で結成したこの野球チームの影響も、少なからずあったのではないかと思ったからです。

施設は七年前に全面改築が終了し、すでに以前の面影は消えてしまいました。当時の卒園生達と関わった私自身の思い出を振り返りながら、彼を含めて卒園生にとっての施設や職員の存在を考えてみようと思いました。

野球チームが結成された当時、週末になると、施設には大勢の卒園生が集まって来ました。来る度に先輩風を吹かします。土曜日に来た者がまた日曜日の朝からやってきます。何人かは日曜日の夕方になっても帰ろうとしません。注意すると、素直に返事はしてくれるのですが、なかなか行動に移しません。そんなやり取りを長々と続けていると、在園生も一緒になって私に反発してきたことを覚えています。私も就職して間もないときでした。慌ただしい毎日の中で子どもたちとの生活に疲れ果て、じっくり卒園生と向かい合う余裕などありませんでした。まだまだ年長者を筆頭にした「集団自治」が続いていましたので、私の中では卒園生に施設をかき回されているような思いさえありました。

そんな状況の中、いつの間にか野球好きの卒園生が施設のグラウンドに集まるようになっていました。熱心に野球の練習をやっているなぁと眺めているうちに、チームが結成され、ユニフォームができ上がり、車で乗り合わせて週末になると試合に出かけて行くようになっていました。

あれから二二年経った今でも、深津さんたちが同じ仲間と家族ぐるみでつきあっているのは、野球チームという形で施設のグラウンドに集まる場があったからかもしれません。卒園生たちの拠り所として、野球チームという具体的な形がなくても、施設が、みんなを受けとめる場になっていければと願います。

# 作文集あとがき

三年前、施設の子どもたち、施設から巣立った人たちの作文集『しあわせな明日を信じて』を作りました。そして三年後に再び、同じ人たちに作文を書いていただいたものがこの作文集です。子ども自身が書けない場合には、職員の方に子どもから話を聞いて書いてもらったりしました。この作文集はこの三年間の出来事、変化などを書いてもらおうというものです。三年の間に、乳児院にいた子が児童養護施設で生活することになっていたり、中学生の子が高校に進学していたり、高校生だった子が大学生になっていたり、社会人になって働いていたり、施設から家族と一緒に生活できるようになったり、子どもが生まれて新しい家族ができたりといったことが書かれています。三年間という時間の中で、生活にいろいろな変化があったことが書かれています。そして施設の子どもたちの生活を理解する手掛かりにもなります。また社会の中で活躍している人たちの中には、三年前とあまり変化がないと書いている人もいました。けれども毎日の日常を綴っていただいたことで、社会的養護についての理解が深まることにつながります。

この作文集では、今回の作文について理解していただくために、三年前の作文の内容をまとめたものと、今までの生活について説明した文を載せてあります。そして作文を書いた本人や施設の職員の方にお話が聞けた場合には、それも載せてあります。今回の作文集を読んで、もし施設の子どもたちについてさらに理解を深めたいと思われましたら、三年前の作文集も読んでみてください。きっと子どもたちの成長が感じられることと思います。

私たちは子どもの健やかな成長を願って、毎日子どもたちと関わっています。今回の作文集はそれを実感できるものになっています。私たちは子どもたちが自分を大切にしながら自分らしく輝いて生きていけるように支援していきたいと思っています。そして子どもたちと関わる大人たちも輝いていられるように互いに支えあっていきたいと思っています。この作文集がそのようなことに役立ててもらえたら幸いです。また何年かのちに成長の証としての作文集ができたらよいと思っています。

吉村　譲

# 第2章

# 「児童養護施設における高校生・職員のアンケート調査」および「高校生・卒園者の座談会」から見えてきたこと

# はじめに

本章では、NPO法人「こどもサポートネットあいち」にて実施した、児童養護施設における高校生、職員への全国アンケート調査の結果と、児童養護施設に入所中の高校生の座談会、および児童養護施設を退所された方の座談会で皆さんに話していただいたことを合わせてまとめました。このアンケート調査や座談会の声から、これまで語りにくかった子どもたち・退所された方の本音が浮かび上がってきています。また、子どもたちと生活をともにし、日々向き合っておられる職員の皆さんにとっては、あらためて対応の難しさを実感されるかもしれません。しかし、こうした子どもたちの思いを丁寧にくみとりながら、真摯に向き合っていくことが、子どもたちの未来に必ずつながっていくものと考えます。子ども、退所された方、職員の三者の思いに耳を傾け、その言葉が意味する現実と向き合うことは、お互いが歩み寄っていくことにつながり、それぞれに潜在している力を発揮し、現状をよりよい方向に導く新たな力を生み出すのではないでしょうか。今回まとめさせていただいたものは、調査結果の一部分にすぎませんが、子どもたちのよりよい成長と自立を保障していくことに少しでもつながっていきますように……、そんな願いを込めてご報告いたします。

# ❶ アンケート調査および座談会の概要

## アンケート調査の目的とテーマ

ＮＰＯ法人「こどもサポートネットあいち」では、全国の児童養護施設等職員と児童養護施設入所中の高校生にアンケートによる調査を行いました。本調査の趣旨は、現状の児童養護施設に入所している子どもたち（高校生）の気持ちと子どもたちとともに生活し、支援をしている職員の方々の考えをお聞きし、その結果について分析を行うことで今後のよりよい実践に繋げていきたいというものです。本調査のねらいとして、二つのテーマ①安心できる生活づくりに向けて、②施設における将来の進路選択の課題――大学進学等をめざして、を定めました。児童養護施設の高校生には、無記名で施設名の記入を求めず、封筒に入れて個々に投函してもらう方法により、できるだけ本音を聞かせていただくための工夫を行いました。

## アンケート調査の概要

調査対象〈施設職員〉全国の児童養護施設五六三カ所、情緒障害児短期治療施設三一カ所、自立援助ホーム五九カ所。回収数は二一一票で、すべて有効票、回収率は三二・三％でした。なお、回収した結果、児童養護施設職員からの回収が九割以上でした。

〈高校生〉全国の児童養護施設五六三カ所に在籍中の高校生。回収数四四〇票ですべて有効票でした。回収率は二六・一％です。

調査者　NPO法人　こどもサポートネットあいち（代表　長谷川眞人）
調査担当者　吉村美由紀、伊藤貴啓
調査期間　二〇一〇年六月～同年七月
調査方法　各施設の職員には質問票を一通ずつ、高校生には三通ずつ郵送、個人が特定されないよう無記名で個別に投函してもらいました。

＊職員アンケートの回答者の基本属性

性別は、男性一一七名（五五・五％）、女性八九名（四二・二％）、不明五名（二・四％）でした。職種は、児童指導員一三三名（六三・〇％）、保育士七一名（三三・六％）、不明七名（三・三％）でした。職員回答者の年齢は、二〇代六三名（二九・九％）、三〇代六九名（三二・七％）、四〇代五〇名（二三・七％）、五〇代一九名（九・〇％）その他六名（二・八％）、不明四名（一・九％）でした。職員回答者の経験年数は、新任九名(四・三％)、一年以上五年未満四九名(二三・三％)、五年以上一〇年未満六五名（三〇・八％）、一〇年以上一五年未満三二名（一五・二％）、一五年以上二〇年未満一三名（六・二％）、二〇年以上三三名（一五・六％）、その他四名（一・九％）、不明六名（二・八％）です。

＊高校生アンケートの回答者の基本属性

性別は男性二〇八名（四七・三％）、女性二一五名（四八・九％）、不明一七名（三・九％）でした。学年は、高校一年生一一六名（二六・四％）、高校二年生一三九名（三一・六％）、高校三年生一六八名（三八・二％）、専門学校等四年生三名（〇・七％）でした。高校生回答者の児童養護施設への入所期間は、三年未満七八名（一七・七％）、三～六年一三六名（三〇・九％）、七～九年六二名（一四・一％）、一〇年以上一四五名（三三・〇％）、不明一九名（四・三％）です。

## 座談会の概要

### 高校生の座談会（二〇一〇年八月実施）

五つの児童養護施設から一〇名の高校生に集まっていただき、施設の生活や進路についてなどを語ってもらいました。はじめに、参加した高校生の皆さんから、自分の生い立ちなどの自己紹介があり、その後にいくつかの質問に対して、率直な思いを話していただきました。

前半では、現在感じている施設での生活について思うこと、皆さんが考える理想的な施設とはどのようなものか、職員について思っていることなどを話していただきました。後半では、将来の進路選択に関する話題を中心に将来（高校卒業後）の進路について現在どのように考えているか、やってみたい仕事、進路に関する悩みや心配事、進学について思うことなどを話していただきました。

## 施設を退所された方の座談会（二〇一〇年八月実施）

児童養護施設を退所して一～一〇数年の方など六名に集まっていただき、かつて生活していた施設でのことや進路選択についてなど、過去を振り返って語っていただきました。

はじめに、参加した皆さんから自分の生い立ちなどの自己紹介があり、その後にいくつかの質問に対して、施設生活において今あらためて思うことなどを話していただきました。後半には現在の生活状況もふまえながら、進路選択に関する話題において就職と進学の両方に関して今はどのように考えているか、退所してから様々な経験を通して考えたこと、思うことなどを話していただきました。

# 2 安心できる生活づくりに向けて

## テーマ①「安心できる生活づくりに向けて」

現在、社会的養護を必要とする子どもの数の増加、虐待等子どもの抱える背景が多様化、複雑化している状況にあります。児童養護施設では様々な体制づくりやケアの充実をはかっていますが、虐待等をうけて育ってきた多くの子どもたちが共に生活する場において、一人ひとりの子どもが安心できる生活を保障していくことはますます困難な課題となってきています。また、発達障がいといった社会性・コミュニケーションなどの困難を持つ子どもたちが多く入所しているという現状もここ数年、注目されており、対応に苦慮されている声が挙げられていま す。子どもたちの多くは、大人との愛着形成を十分に保障されないまま育ち、そのため、施設への入所をきっかけとして、子どもたちがこれまで経験してこなかった愛着形成、信頼関係を職員との間で築き、いかに取り戻していくかが重要になってきます。しかしながら、子ども同士や子どもと職員間で日常生活において、安心できる生活の確保が難しい現状もあるようです。本調査では、日常における、安心できる生活の確保が困難な状況が、子ども同士や子どもと職員間でどのように生じているのか、またその時の対応方法などを調査しました。そして、その現状に対して今後の具体的な対応の方法・ケアの課題を検討しました（調査結果のグラフ内の「n」はその設問における回答人数です）。

## 四分の一の高校生が他の子どもから「ひどく嫌な思い」をさせられた経験をしています

高校生では、施設の中で他の子どもからひどく嫌な思いをさせられた経験が「よくある」五・九％、「時々ある」一八・四％を合わせて二四・三％で、約四分の一の高校生がひどく嫌な思いを経験をしていました（図1）。その内容について、「よくある」「時々ある」と答えた一〇七人のうち、七二・〇％が、①「言葉でひどいことを言われた」と答えており、続いて②「殴られた」三一・八％、③「蹴られた」二六・二％、④「無視され続けた」二二・四％でした（図2）。内容を※分類すると、身体的な嫌な思いにあたるもの（殴られた・蹴られた・物を投げられた・身体を傷つけられた）は三九・二％、心理的な嫌な思いにあたるもの（ひどい言葉・ひどく怒鳴られた・無視され続けた）は四八・一％、性的な嫌な思いにあたるもの（性的な言葉・身体を触られた・お風呂をのぞかれた）は六・四％であり、心理的なものが約五割、身体的なものが約四割を占めていました（※％は各項目ののべ件数の割合について合計したものです）。

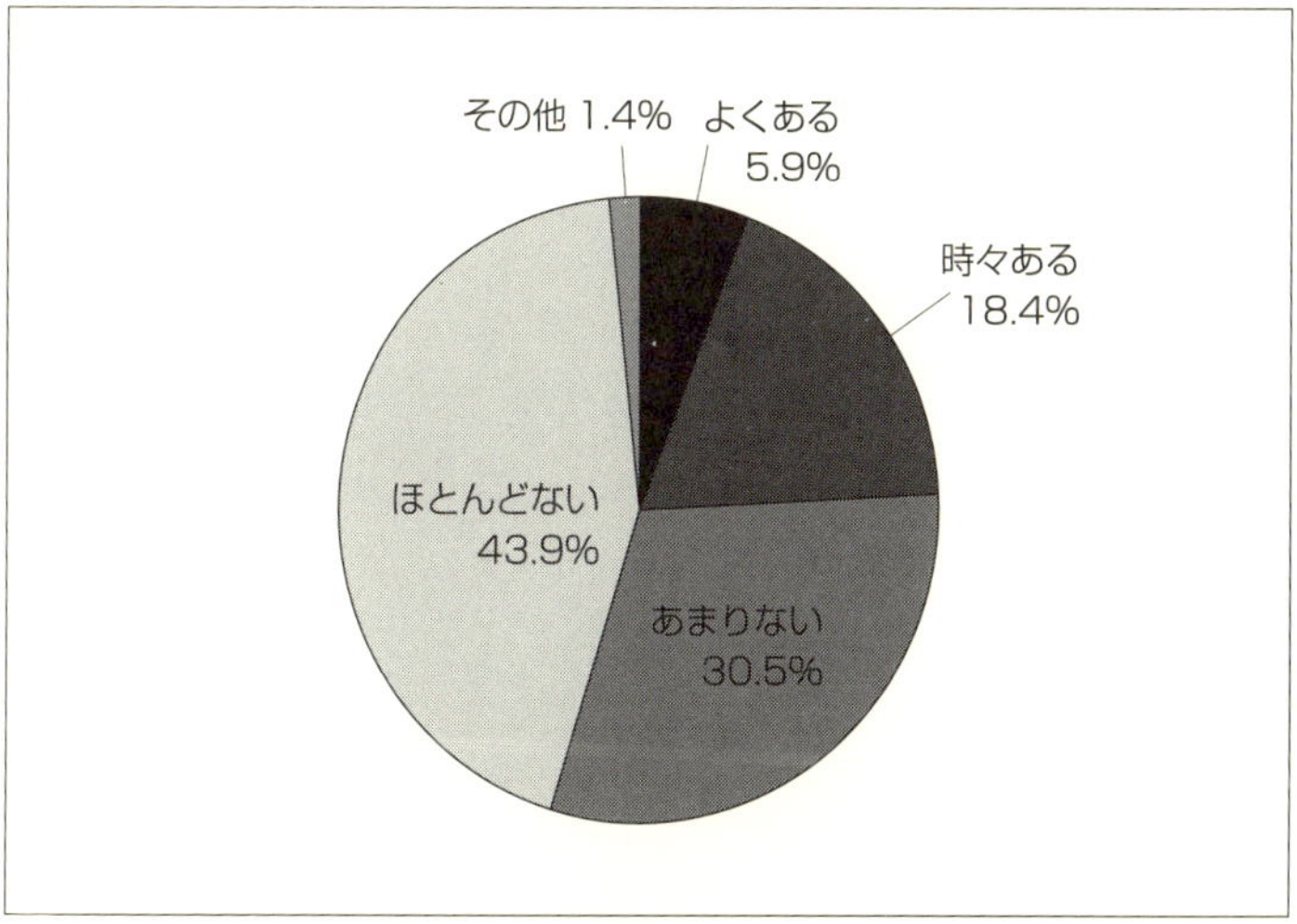


**図 1　施設の中で、他の子どもからひどく嫌な思いをさせられた**
（高校生回答　n=440）
よくある、時々あるをあわせると、24.3%と全体の約４分の１にのぼる。

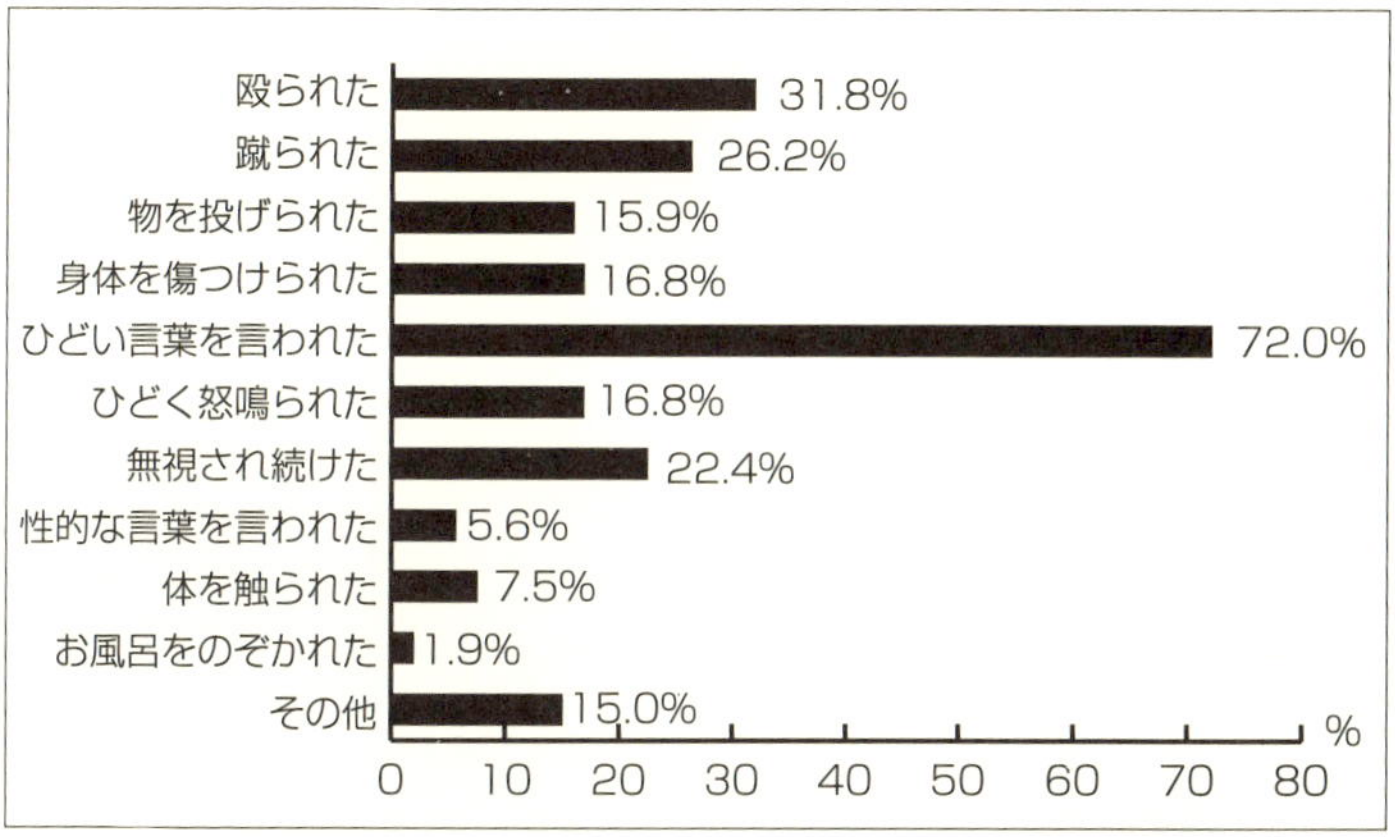


**図 2　施設の中で、他の子どもからどのようなひどく嫌なことをされたか**
（複数回答可　n=107）

## 高校生のVOICE！ 座談会から

＊自分の施設で、以前にあるいは今現在において、いじめや暴力について思うことはありますか？

「自分が小学生のときは、上下関係が厳しかったし、上の子（高校生など）に話しかけづらいというのがありました。でも、今はそういうのはなく仲よくやってます」

「高校生から小学生へのいじめでは、殴ったり、蹴ったり、パシリとかがありました」

「今から数年前に、中学生、高校生が下の子をいじめるということがありました。職員に対しても暴力を振るっていました。いろんな暴力があって、一回落ち着いたんだけど、最近は上下関係がまたできてきて、ケンカが多いです。女の子同士、男の子同士でもあるし、男女でもあります」

「同い年の子にこき使われたりとかがありました。暴力をすぐ振るってくるから、嫌だと言えませんでした」

## 施設退所者のVOICE！ 座談会から

＊施設での生活で、辛かった出来事はどのようなことでしょうか？（子ども同士のこと、職員とのことなど）

「私たちがいたときも、子ども同士の暴力は毎日のようにあって、職員の気づかないところで上の子（上級生）が命令して「お前やれ」と戦わされることが、毎日朝から晩までありました。男の子は殴り合い、女の子はカーテンを全部閉め、ドアもつっかえ棒で封鎖して上級生に殴られることがありました。私はその頃は小さかったので毎日やられて、おやつ、お小遣いも奪われました。しかし誰も気づかず、かばってもらえず精神的にしんどかったです。その上級生が卒園したあと、次は中間にいた人がまたやることの繰り返しでした。自分たちが上級生の立場になったときに、はじめてそういうことがなくなりました。

時期として、小学校高学年から中学校にかけて頻繁にありました。男子のけんかは血が出たりするので職員も気づきますが、女子のほうは全く誰も知らなかったと思います。そういうことは職員には言えませんでした。学校でもいじめがあっても言えない人がいますが、本当に言えないんだなと思いました」

## 「いじめやけんか」があったとき、職員は、話を聞いて止めてくれました

子ども間で「いじめやけんかがあったとき、職員はどうしてくれたか」を尋ねると、高校生四四〇人のうち、三六・六%が①「話をよく聞いてくれる」と答えており、次いで②「止めてくれる」三一・六%、③「あまり何もしてくれない」一一・六%、④「わからない」一七・三%、⑤「いじめやけんかがあることを知らないと思う」三・四%、⑥無回答三・〇%でした（図3）。さらに、「あまり何もしてくれない」、「いじめやけんかがあることを知らないと思う」と答えた人に、「あなたは職員にどうしてほしいか」を聞いたときの自由記述をカテゴリーにわけて分類を行いました（表1）。

### 施設退所者のVOICE！　座談会から

＊施設で、辛かった出来事について職員はどのような対応をしてくれましたか？

「上級生から、同い年の子同士に対して『こいつとこいつで倒れるまで戦え』と言われることがありました。職員は見て見ぬふりだったから、私はそれが嫌でした。職員が変わって、立て直そうという職員が出てきてからは、話し合いでなんでも解決するようになりました。中学生は中学生、高校生は高校生でみんなで話し合って、新しく施設を作り直すことになり、そこから変わり、今はそれなりにやっていきます。大きい子からの暴力もなくなり、職員からも大事にしてもらえました。お小遣いなどなんでも話し合いで解決していくようになりました。誰かがよくないことをして、失敗しても、みんなでその子の更生を話し合いました。自分がいたときは、卒園するまではそうやって、引っ張っていってくれる職員がいてくれたから幸せでした」

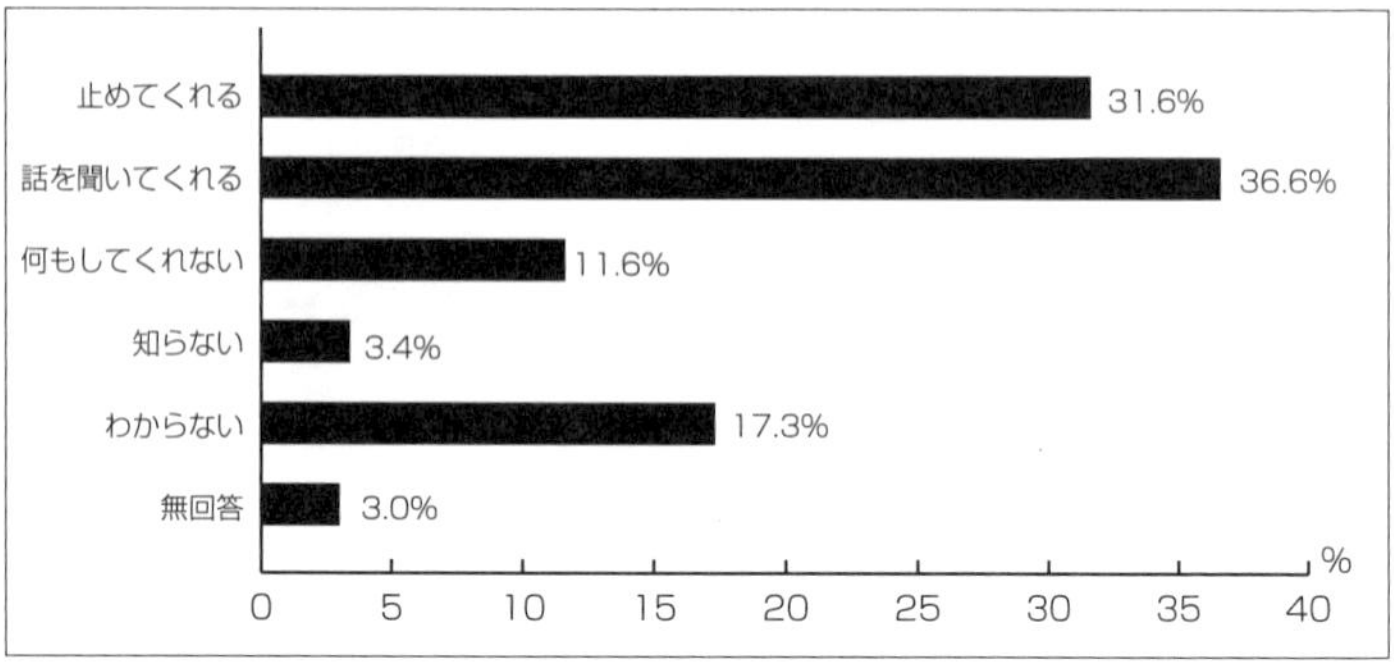


**図3　「いじめやけんか」があったときに、職員はどう対応してくれましたか。**

（高校生回答：n=440　複数回答可）

**表1　「いじめやけんか」があったとき職員にどうしてほしいですか**

| |
|---|
| （1）　職員による対応を強く望む意見 |
| 子どもの気持ちを理解して話をきちんと聞いてほしい<br>話を聞いて対応をしてほしい<br>職員から事前に気がついてわかってほしい、よく見ていてほしい、声をかけてほしい<br>いじめや嫌がらせにも関心を持って、なくしてほしい<br>子ども１人１人のことを平等に考えて対応してほしい<br>なんとか関わって止めてほしい<br>態度をはっきりしてほしい（曖昧にしないで）<br>しっかりと対応してほしい |
| （2）　状況によって職員に対応を望むときと望まないときがあるという意見 |
| 人によってや、状況によっては対応してほしいときと、そうでないときがある<br>ちょっとしたことは自分たちで解決したい<br>時と場合によるが、二度とできないような対応をしてほしい |
| （3）　職員の対応を望まない意見 |
| 何もしないでそっとしてほしい<br>あきらめの気持ち・不信感があるから何も望まない |
| （4）　その他 |
| わからない　関心がない |

【自由記述の分類結果】※「あまり何もしてくれない」「いじめやけんかがあることを知らないと思う」と答えた人のみ、回答してもらいました。　（高校生回答：n=66）

## 職員が学び合うこと、子どもたちへの働きかけや、職員間で子どもについて話し合うことが大切

職員に、「施設内における暴力対応に必要と思われる制度・仕組みは何か」を尋ねた結果では、職員二一一人のうち、四九・八％が「職員間における教育（職員研修など含む）啓発の機会の充実」を挙げており、次いで「子どもたちに対する教育・啓発」四七・四％、「暴力行為のあったケース会議・検討会の実施の充実」四六・〇％の順に多いという結果でした（図４）。職員の多くは、職員自身の学ぶ機会をもっと充実させていくことや、子どもたちへ働きかけることが必要と感じているようです。また、暴力などが起きた場合にはケース会議などで子どもについて話し合い、共有や連携をしていくことが大切と感じているようです。

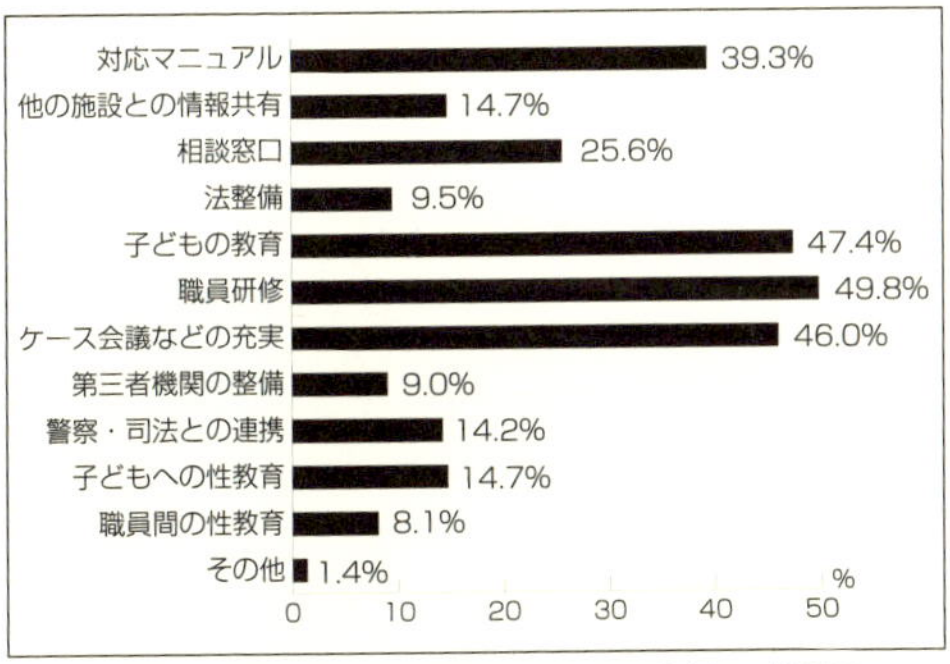


**図４　暴力対応に必要と思われる制度・仕組み**
（職員回答：n=211　複数回答可）

## 高校生のVOICE！　座談会から

「数年前くらいまでは、職員が怒ったときに子どもに対して体罰をすることもありましたが、※CAPの『安心、自信、自由』という子どもの権利を守るためのはたらきかけが始まってからは、少しずつ減ってきて、今では暴力とかはなくなってきました」

※Child Assault Prevention（子どもへの暴力防止）の略で、CAPプログラムは、子ども自身が様々な暴力から自分を守る力を持っていることに気づき、その力を発揮できるようにサポートすることを目的としたプログラム。http://www.cap-j.net/about_new.html「NPO法人　CAPセンター・JAPAN」ホームページより

## 施設退所者のVOICE！　座談会から

「子どもと職員が話し合うようになり、どんどん改善していくことがありました。子どもも一緒になって話し合いをするようになったので、主体的になりました。『腹を割って話そう』みたいな……。もともと職員は信用できませんでしたが、関係が変わって、一番信用できる人になり、なんでも話せるようになりました」

「引っ張ってくれる職員が中心になって『報・連・相』（報告、連絡、相談）の連携

ができました。たとえば、自分が何かしたとして、『この子がこういうことがありました』と報告され、全員で見てくれ、まとまっていきました。

最初は大人が信じられませんでしたが、職員を通して、こういう大人がいるのだなというのがわかり、なんでも話せるようになりました。この人に話せば安心だという、居場所づくりができたかな、と感じます」

### 施設退所者のＶＯＩＣＥ！　座談会から

＊子ども同士で「話し合う機会」などについて、そのとき感じていたことは、どのようなものでしたか？

「たとえば暴力とかがあったときに、『こういうのは嫌だよね、だから立て直そうよ』というようになり、高校生、中学生、職員で話し合うようになりました。自分を他人に知ってもらうことから始まりました。自分の思いをみんなと共感して、自分が困ったときはみんなが助けてくれ、みんなが困ってるときは自分が力になる、『ひとりがみんなのために、みんながひとりのために』になりました。行事などは子どもがリーダーになって職員と一緒につくっていくなど、みんなで楽しめるように工夫しながら進めました。

話し合いなどは、当初は抵抗がありました。そのときはどうして他人のことを知らなきゃいけないんだって思っていました。また自分も他人に知られるのは好きじゃなかったのであんまり輪に入りたくなかったし、自分でした。人のことに関心を持ちたくなかったし、自分も、自分について考えたくなかったから。

でも、みんなに影響されて変わりました。冷たくて一人でいる自分とか、なんにも興味持てなくて悲しい生活を送るのは嫌だなって思うようになり、それから積極的に行事に参加するようになりました。ちょっとでも小さい子が楽しめるような行事をつくろうとか、みんなで楽しめるものとか、リーダーなどをやりながら企画を考えました」

## 職員は、「仕事で世話をしてくれる人」「家族のような存在」

高校生に「あなたにとって、担当の職員はどのような人ですか。一番近いものに○をつけて下さい」と尋ねたところ、「仕事で自分たちを世話してくれる人」五一・〇%、「親のかわり」二六・二%、「お兄さん、お姉さんのかわり」六・七%、「おじさん、おばさんのかわり」二・三%、「その他」一三・八%でした（図‐5）。「その他」の自由記述は表2のとおりでした。

約半数が「仕事で世話をしてくれる人」として認識しているようですが、親のかわり、きょうだいのような存在、おじさん・おばさん……というように、家族・親族同様に感じているという意見も多くありました。

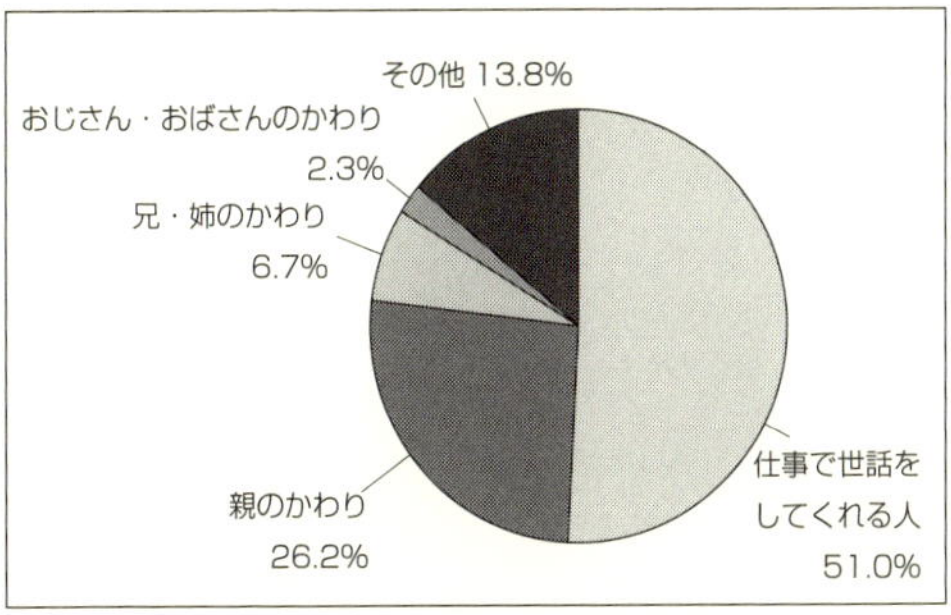


**図５　職員はあなたにとってどんな存在か**

（高校生回答：n＝435）

「仕事で世話をしてくれる存在」という認識が約５割（51.0%）

表２　〔自由記述〕：あなたにとっての担当の職員とはどのような人か

| 職員への親しみが感じられる意見・肯定的な存在として受けとめている意見など |
| --- |
| 友達みたいな存在。なんでも話せる、ちょっと年が上の友達。親のかわりまでいかないけど親友みたいなもの　（4）<br>すごく頼りになる職員（親であり、お兄さんお姉さん的存在）（3）<br>先生　（3）<br>本当の家族みたいで、話を聞いてくれる人たち（2）<br>色々な知識を教えてくれる人<br>仕事だけど奉仕もしてくれる人<br>施設中で一番頼れて子どものことを一番に考えてくれる人<br>自分より他人を気遣う人<br>親身になって考えてくれる人<br>信用できる人<br>仏のような人<br>良き心の相談相手<br>わからないけど、感謝しないといけない人 |
| 職員への距離感が感じられる意見など |
| よくわからない　（9）<br>職員（働いている人）（6）<br>何とも思わない。どうでもいい（良くも悪くもない）（5）<br>あかの他人（5）<br>ただの身近な大人　（3）<br>知人<br>ただ、話すだけ<br>時に優しいが、時として腹の立つ人<br>書類などの管理をしてくれる人かな？ |
| その他 |
| アニメ好きなお兄さん<br>その職員による |

【自由記述の分類結果】※「その他」と答えた人のみ、回答してもらいました。（　）内の数は人数。（n=60）

## 施設退所者のVOICE！ 座談会から

＊職員に対してどんなことを期待しますか。どういう存在であってほしいですか。

「話を聞いてくれたり、自分の性格をわかった上で意見を言ってくれたり、そういう職員が増えてくれるのが願いです。職員にも、相談できる人と、そうでない人がいます。子どもの人数が多いのに先生が少ないっていう現状はわかるんですけど……。もう少し目を向けてくれる職員が増えるといいなあ、と思います」

「難しいことですが、子どもたちは話を聞いてもらいたいっていうのが大きいと思います。業務をしているときでも手をとめて、子どもたちの話や意見を聞いてほしいと思います」

「子ども一人ひとりに真剣に向きあってほしいっていう、その一言です」

「子どもたちはどうにかしてほしいと思って、いろんな形でぶつかったりしてアピールしようとしていますが、なんでぶつかられているかがわからなく、辛くなって、辞めてしまう職員がたくさんいます。その子と向き合って一緒になって変えていく努力をしてほしい、仕事を長く続けてほしいと思います。報告しあうこと、連絡しあうこと、相談しあうことの連携を大事にして、全員でその施設をつくってほしいと思います」

## これから求められることは何か
## ――子どもの育ちを保障するために

### いじめや暴力が起きない生活にしたい!!

高校生では、約四分の一が、他の子どもからひどく嫌な思いをさせられた経験をしていました。上級生から下級生に対して、いじめや暴力などが継続的にあり、そうしたことが連鎖的に長年にわたって根強く残っていることが座談会の声からもうかがわれます。職員が見ていないところ、つまり見つからないようにして起きやすく、また、「職員は気がついているはずだが止めてくれなかった」と感じている子どももいます。

職員は、子ども同士の関係性をよく理解して、いじめや暴力が起きない生活が送れるよう、十分に目を配ることが求められます。また子どもの話をよく聞き、日頃から関係を密にしていくことで、いじめに耐え忍び、辛い思いをしている子どもが職員に相談し、話すことができるような雰囲気づくりも大切です。そして、いじめや暴力が起きたら直ちに対応していくこと、根が深くならないよう未然に防ぐ工夫が必要であると思われます。

**職員に話を聞いてほしい！　なんでも相談できる存在であってほしいなぁ……**

高校生に、「いじめやけんか」があったとき、職員にどうしてほしいかを、アンケートの自由記述で答えてもらった中で、「子どもの気持ちを理解して話をきちんと聞いてほしい」「話を聞いて対応をしてほしい」という意見が多数ありました。すぐに対応して止めてほしいことに加えて、ただ止めるだけでなく、いじめやけんかがなぜ起きたのかといった経緯や、個々の思いを理解して対応してほしいということがわかります。

また、施設を退所された方の座談会の声からは、最初は大人が信じられなかったが、職員を通してそうした思いがなくなっていき、なんでも話せるようになった、という意見がありました。さらに「この人に話せば安心だ」という気持ちとなり、その施設での生活が自分の『居場所』となっていったことが語られています。施設が、子どもの居場所となるには、なんでも相談できる存在の人がいるかどうかが大切であることが示唆されています。

子どもたちは、自らの思いを話したときに職員に受けとめて聞いてもらえると、安心感を抱き、自らを振り返って客観視するきっかけにもなるのではと考えます。また、子どもの話に丁寧につきあっていくことは、個々の精神的な成長を育み、人への信頼感を生み出すことにもつながります。そのために、施設内で、いつでもじっくりと子どもの気持ちを聞き、受けとめることができる土壌をつくっておくことが必要ではないかと思われます。

**職員と子ども、子ども同士で話し合える環境でありたい。みんなで生活を考えていけるように……!**

職員に、暴力対応にあたってどのようなことが必要かを聞いたアンケート結果では、職員同士で学び合う機会等を充実させること、子どもたちに対する学びの機会や働きかけ、暴力等が起きたらケース会議などを充実して話し合うことが大切という意見が多くありました。また、退所した方の声では、子どもと職員が話し合うようになり、いじめや暴力の問題が次第に改善していったこと、子どもも一緒に話し合いをするようになり、自分たちも主体的になったことが語られています。そして「腹を割って」話していく中で、職員との関係も変わり、一番信用できる人になったと話されていました。

職員同士の話し合い、職員と子どもで話し合う機会、子ども同士でも話し合える雰囲気……。「話し合う」ことをキーワードにしていくことが、「安心できる生活」への近道となるのではないでしょうか。

このような「話し合い」を中心とした生活づくりを目指していく中で、お互いの気持ちの理解を深めるプロセスを経て、人との関係性を形成していく力を育むことにつながるものと考えます。さらには、話し合いによって決定していく過程で、生活への意欲や主体性の形成にも影響していくものと思われます。また、子どもの自律性、つまり自らが決めた規範にしたがって行動する力を養うことにつながります。そして、物事を判断していく際の価値観、倫理観を育てていくことにもつながっていくのではないかと考えます。

このことから、子ども同士、子どもと職員で話し合うということは、安心できる生活の保障につながることに加え、子ども個々の成長にも多様な影響を与える可能性をもっていると言えるのではないでしょうか。

# 3 施設における将来の進路選択の課題
## ――大学進学等をめざして

テーマ②「施設における将来の進路選択の課題――大学進学等をめざして」

全国の児童養護施設で平成二一年度末に中学校を卒業した児童の高校等進学率は厚生労働省家庭福祉課調査によると九一・九％、専修学校等進学は二・六％とあるように、九割以上の子どもたちが高校へ進学できるようになりました。しかし、児童養護施設入所児童における高校卒業後の大学、短大、専門学校等（以下、大学等とする）への進学はまだ少ない現状にあります。厚生労働省家庭福祉課調査によると、平成二二年度末に児童養護施設に入所している児童の高校卒業後の進路は、大学等一三・〇％、就職が六七・一％であり、大学等進学者は一〇人に一人程度しかいないのが現状です。また、全国の高校卒業後の進学状況は、平成二二年度学校基本調査によると大学等五四・三％、就職一五・七％であり、児童養護施設入所児童の四倍以上と、大きな開きがあることがわかります。本調査では、児童養護施設入所児童の大学等への進学率が少ない要因を明らかにし、さらに大学等を希望する子どもたちが進学を実現できるようにするためにどのような課題があり、支援が必要かを検討しました。

## 五割以上の高校生が大学等進学を考えています

調査の結果、見えてきた傾向として、まず大学等へ進学を考えている高校生は「とても考える」三三・二％、「少し考える」二〇・五％であり、合わせて全体の半数（五割）以上いることがわかりました（図6）。一方で進学を考えない高校生であっても、「お金がかかるから」「学力が足りないから」「家族や職員が就職をすすめるから」などという理由が挙げられ、自分自身のおかれている状況・環境によってあきらめている高校生が約半数いることがわかりました（図8）。また、大学進学を考えている高校生は、その理由として「とりたい資格がある」三六・四％、「就きたい仕事のため」三三・八％と答えており、合わせて七割程度の高校生の進学理由について、就職と関連性が強いことがわかりました（図7）。

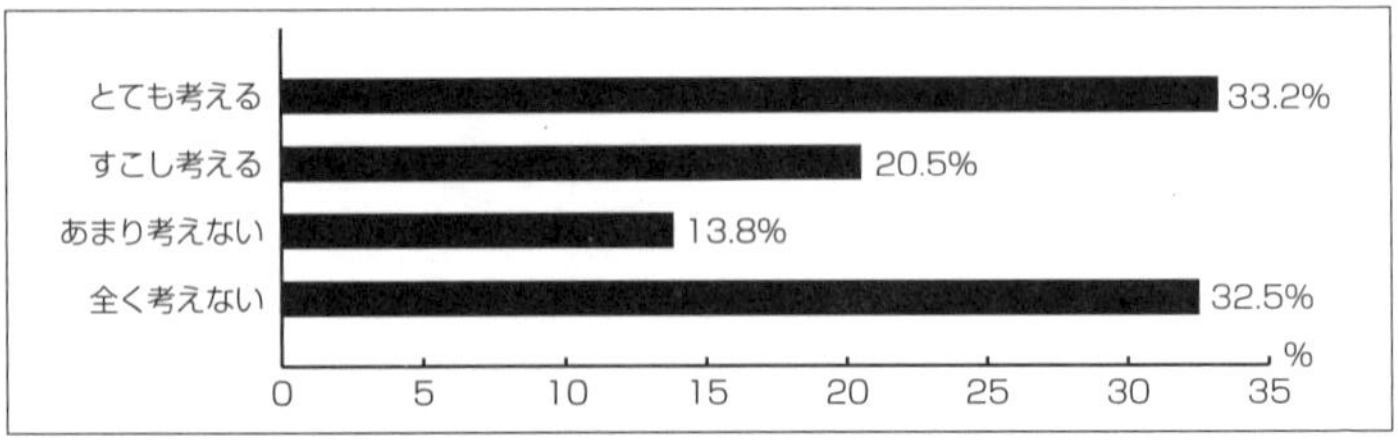


**図６　高校卒業後に大学等へ進学したいか**

（高校生回答：n＝434）

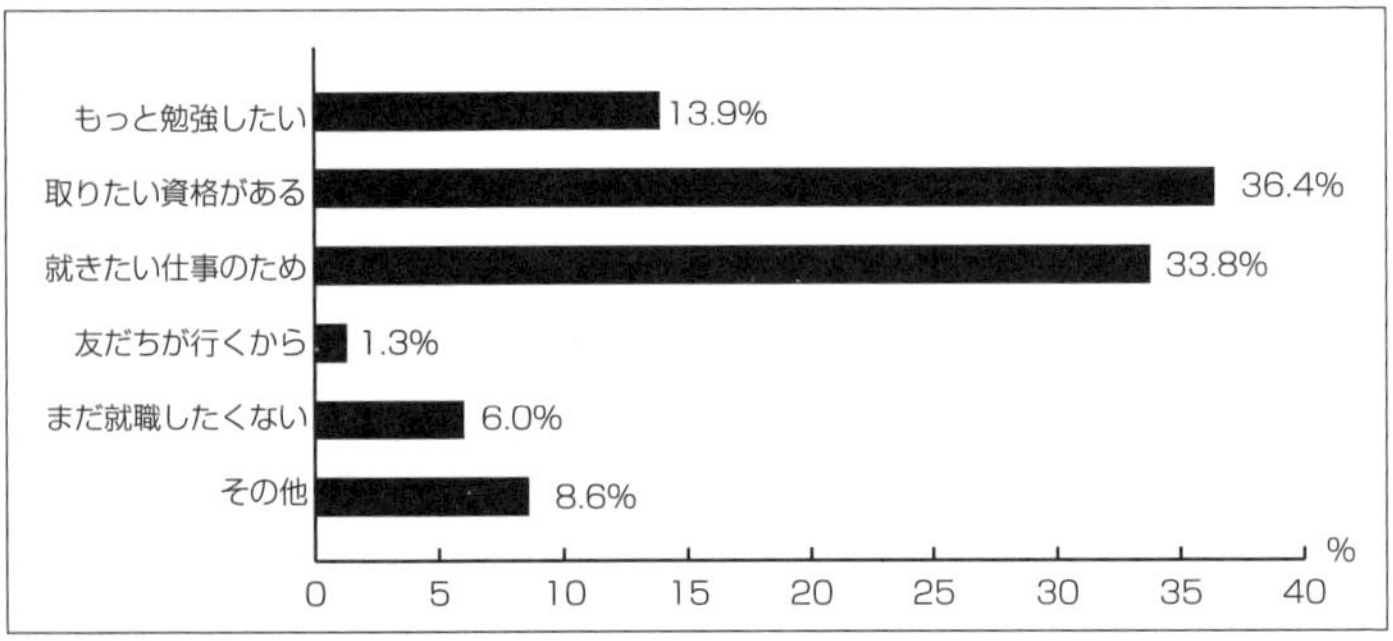


**図７　大学等に進学したい理由**

（高校生回答：n＝151）

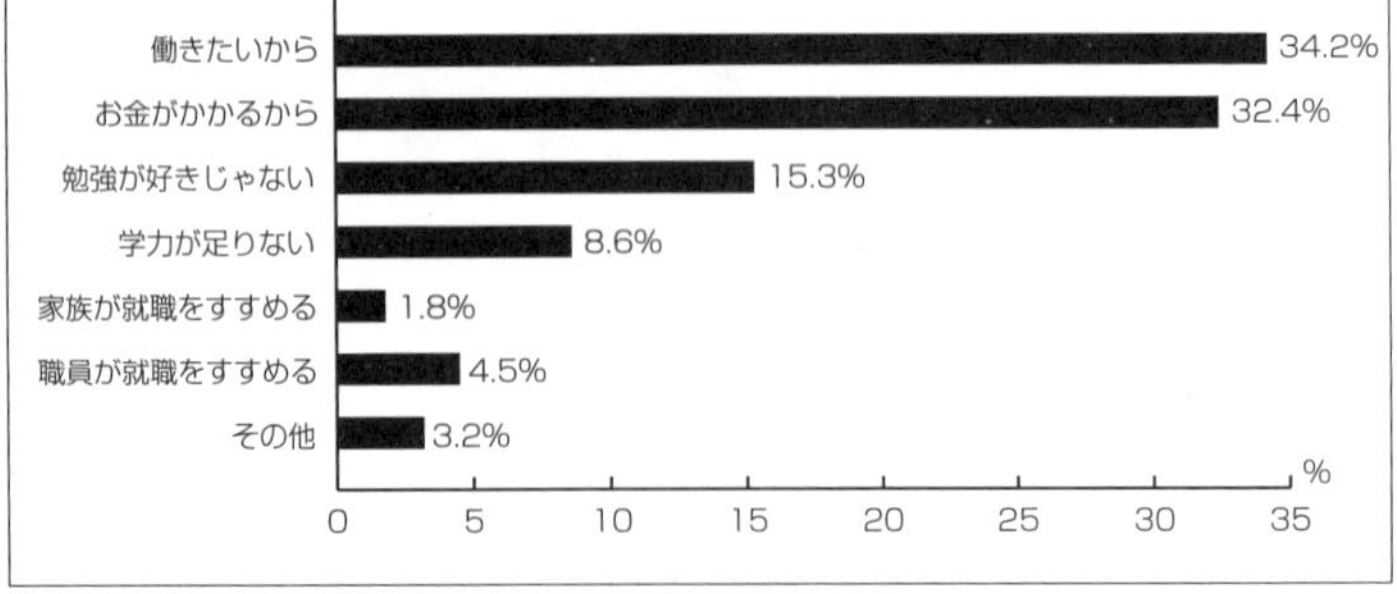


**図８　大学進学を考えない理由**

（高校生回答：n＝222）

## 高校生のVOICE! 座談会から

＊将来について、高校卒業後はどのように考えているか話してもらいました。高校生一〇名のうち、卒業後の進路希望で進学は二名、就職は八名でした。

【進学希望】

「将来は高校を卒業したら、看護学校に行きながら、働きたいと思っています。昼間の看護学校を希望してます。午前中に働いて、午後から学校に通います」

【就職希望】

「私の高校は工業が専門の学校で、一年生のときから実習をやってきたので、三年生になると現場実習といっていろいろな企業の職場で二週間、実習を受けます。その実習先で実習がよければ試験が受けられます。私は将来的には就職という形で製造業に入りたいと思っています」

## 施設退所者のVOICE! 座談会から

＊大学に在学中の退所者の方に、進学を考えるようになったきっかけを聞きました。

「施設に入所する前は、小学校に全然行っていませんでした。中三になり、施設に入ってからはちゃんと学校に行くようになりましたが、学力がすごく遅れていて、ローマ字ができず、九九もできませんでした。でも、中学校で特別に一対一で教えてくれた先生がいました。入所前は人と関わることがまったくなかったので、ずっと人の隣にいられず、じっとしていられず、学校に行くという行為ができないという状態でもありました。少しずつ慣れていき、高校をなんとか受験して公立高校に受かることができました。そのときにやっぱり私は勉強したいということがわかり、大学に行きたいと思うようになりました」

「高校を選ぶとき、自分は頭が悪かったので、合うレベルの高校を受けました。高校に三年間通う中で、進路を考えるのがすごく嫌いで、物事を選択するのが嫌でした。自分は勉強が苦手だけど、大学に行かないと就職するときに困るかな、と思いました。高校のときは皆が行っているから行こうと決めましたが、大学はそうではない。自分で物事を決めていかなければならないが、最初はそれが嫌で、けっこう職員だよりになっていました。自分のことですが、なかなか決められませんでした。不景気でもあり普通科だったので、卒業しても職などがなく、働けるか心配になり、そのときに自分のできることはなんだろうと思いました。自分も施設で育ってきて職員を見てきたから、施設職員に興味があり大学進学を決めました」

「中学校くらいから保育士になりたいと思っていました。本当は中学を卒業して就職をしたんですけど、やっぱり保育士になりたかったので、夜間の高校に四年間通い、卒業して貯めたお金で三年間短大にいって、卒業後保育士の仕事に就くことができました」

## お金のことなどが多くの不安になっているようです

次に、大学等進学を希望する高校生二三三人のうち、八九・三％と約九割が「お金のこと」が心配であると答えていました。大学等進学を考える高校生の大きな不安の主たるものに「金銭的課題」が挙げられています。それに次いで「生活のこと」六二・七％について不安感を抱いていることがわかりました（図9）。また、大学進学を考えない高校生にその理由を尋ねた

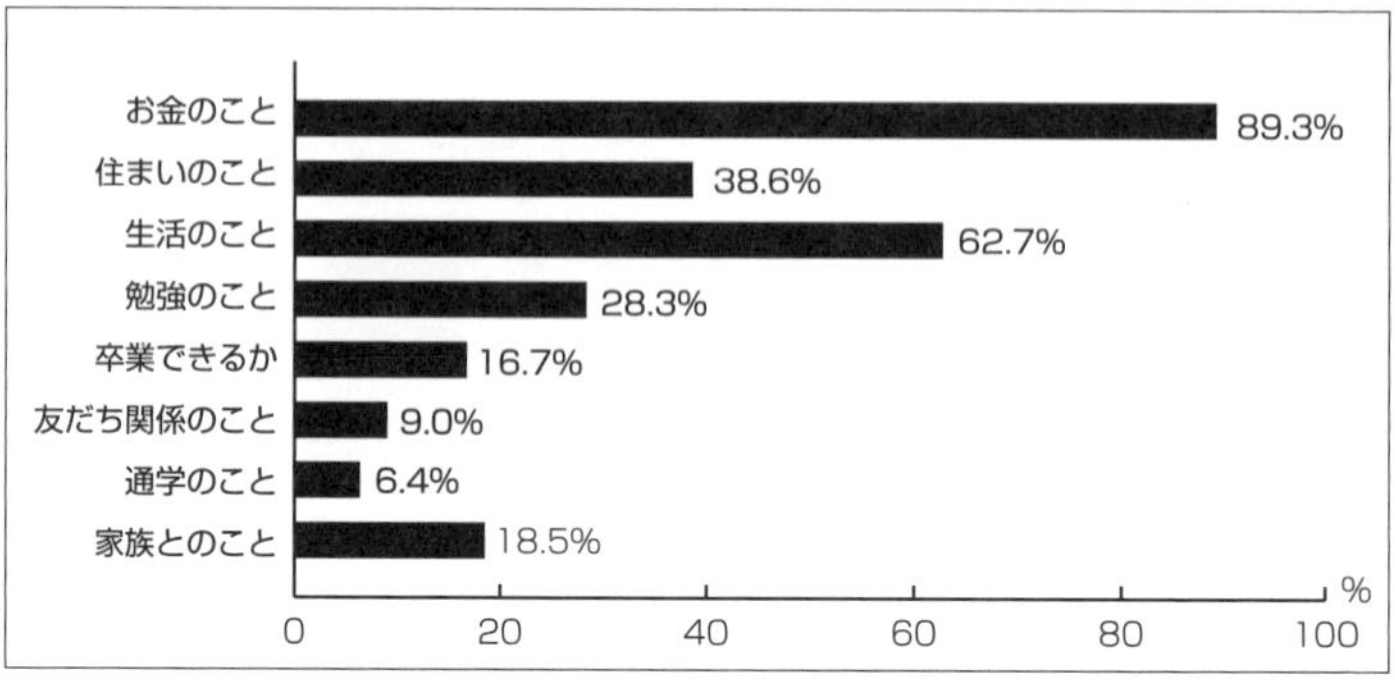


**図9　大学等への進学で不安なこと**

（高校生回答：n＝233　複数回答3つまで可）

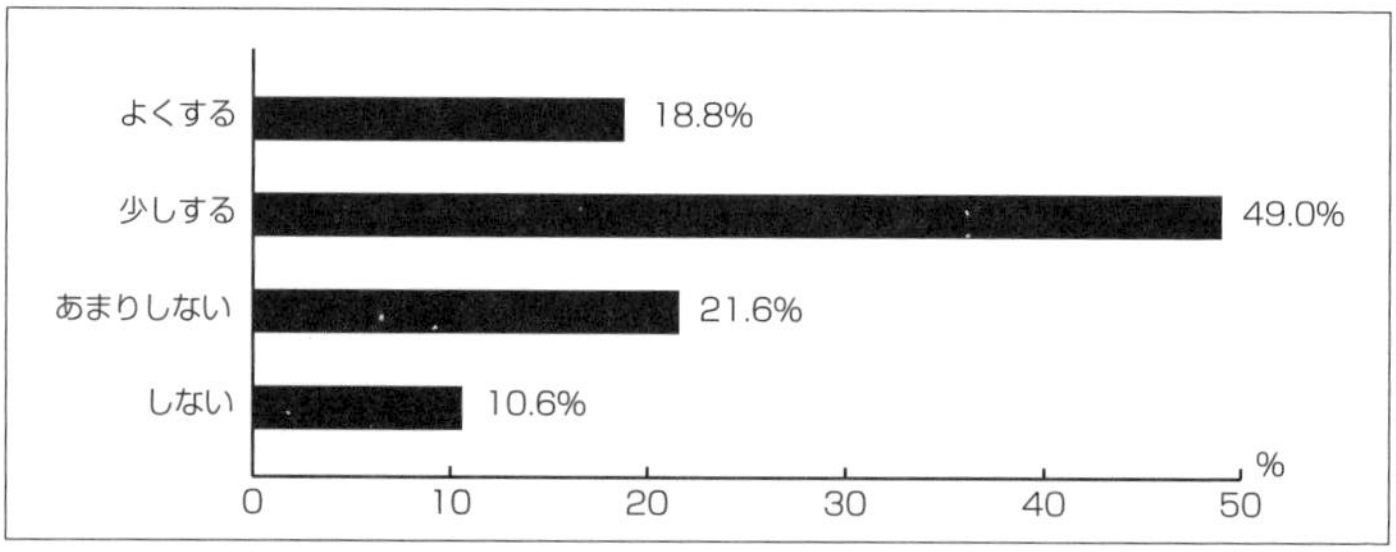


**図10　大学への進学をすすめるか**（職員回答：n＝208）

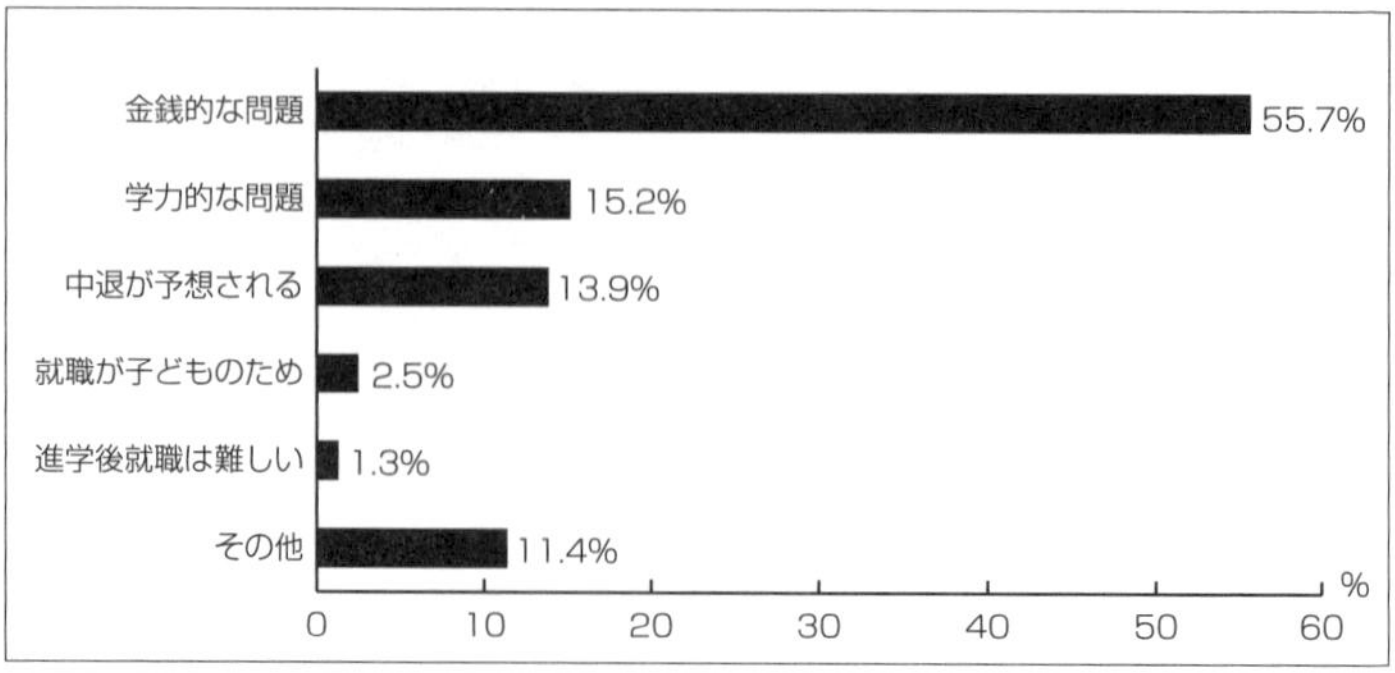


**図11　大学進学をすすめない理由**（職員回答：n＝79）

結果でも、「お金がかかるから」という理由が三割でした（図8）。

　そして、職員においては、子どもに大学等への進学の話は伝えており、情報提供しているが、積極的には勧めないと答えた人が三割程度います（図10）。その主な理由は「金銭的な問題があるため」五五・七％が圧倒的に多く、次いで「学力的な問題」や「中途退学が予想される」など、継続できるかどうか不安であることが挙げられていました（図11）。

### 高校生のＶＯＩＣＥ！　座談会から

＊卒業後に進学を希望している人に「心配なこと」を聞いてみました。
「経済的なことも心配だし、勉強とかついていけるのかも心配です。一人暮らしをするので、生活もちゃんとできるかが心配です」

「自分は今バイトを探していますが、なかなか決まらず、お金も入らないので、進学するためのお金を十分に貯められるのかが心配です。自分の能力的にも、けっこう頭が悪いと思うので、進学できるかな、という不安があります」

## 施設退所者のVOICE！ 座談会から

＊大学へ進学を考え始めてから、どのようにすすめていきましたか。

「大学に行きたいと思ったときに、お金の面などで、一〇〇％無理だと職員に言われていました。でも、園長先生が『行きたいなら行ける方法を考えていこうよ』と言ってくれました。最初はただ自分は勉強がしたいというだけで、これになりたいというのはなかったです。でも勉強がしたい、いろんなことが知りたい、自分にもっと自信をつけたいと思っていました。いろんなことが知りたいと思ったので、法律を学ぶことにしました。でもお金がない。だから公立の大学を職員に勧められ、公立の大学を目指し始めて、推薦で行かせていただきました。住まいは施設内の離れのホームで住まわせてもらっています。最初は大学の近くにアパートを借りる予定でいろんな計算を出したんですが、どう考えてもお金の問題がどうしようもなかったので、施設に頼んで、通わせてもらってます。他の食費などはバイトなどで

やりくりしています。学費に関しては奨学金は借りずに、施設の方で貸してもらっています。働いたら返していくという形です」

「大学は職員に力を貸してもらって決めました。大学進学は最初は無理だと思っていたけれど、奨学金などの制度があって、運よくアパートなどを支援してもらえる人ができたので、その人にアパート代を支援してもらっています。入学金とかはバイトしていたお金などを使って、行くことができました」

## 希望していたけれど……あきらめた場合も。いくらあればいいんだろう？

さらに、大学等へ希望していたが進学ができなかった高校生が三割以上いることがわかりました（図12）。その理由の七割が金銭的理由であり、その他に学力的問題や家族に反対されたことであきらめた方がいることがわかりました（図13）。

そして、どれくらいの金銭的補助があれば進学可能であるか聞いたところ、高校生、職員ともに入学時におよそ一〇〇~一五〇万ぐらいの補助があれば進学を考えるという方がもっとも多くいました。しかし、高校生の「その他」の自由記述では、「お金のことはよくわからない・想像がつかない」と答えていた方が多く、進学にどれくらい必要か、あるいは金銭的な感覚などが具体的によくわからないといった高校生が多いこともわかりました(図14)。

## 高校生のVOICE! 座談会から

卒業後に就職を希望している人の中には、このような思いがありました。

「本当は専門学校に行きたかったんですけど、おじいちゃんが亡くなっておばあちゃんが一人になっちゃったので、おばあちゃんの家に住んで、就職しようと思いました。もしもそういう事情がなかったとしても、お金の心配があるので、多分就職を選んでいると思います」

「全然勉強ができないから就職かな、と考えました」

「中学三年生のときに就職を考えました。高校を決めるときに、親に『卒業したら、就職しろ』と言われたので、就職率の高い高校に入学しました」

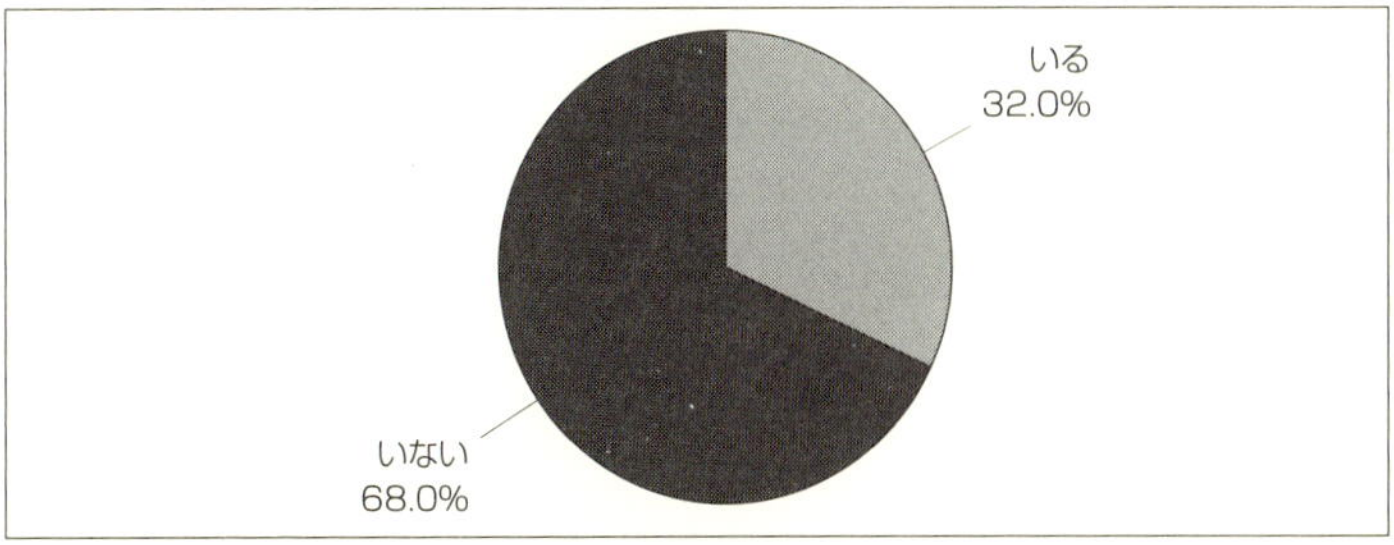


**図 12　希望していたが進学できなかった子ども**

（職員回答：n＝197）

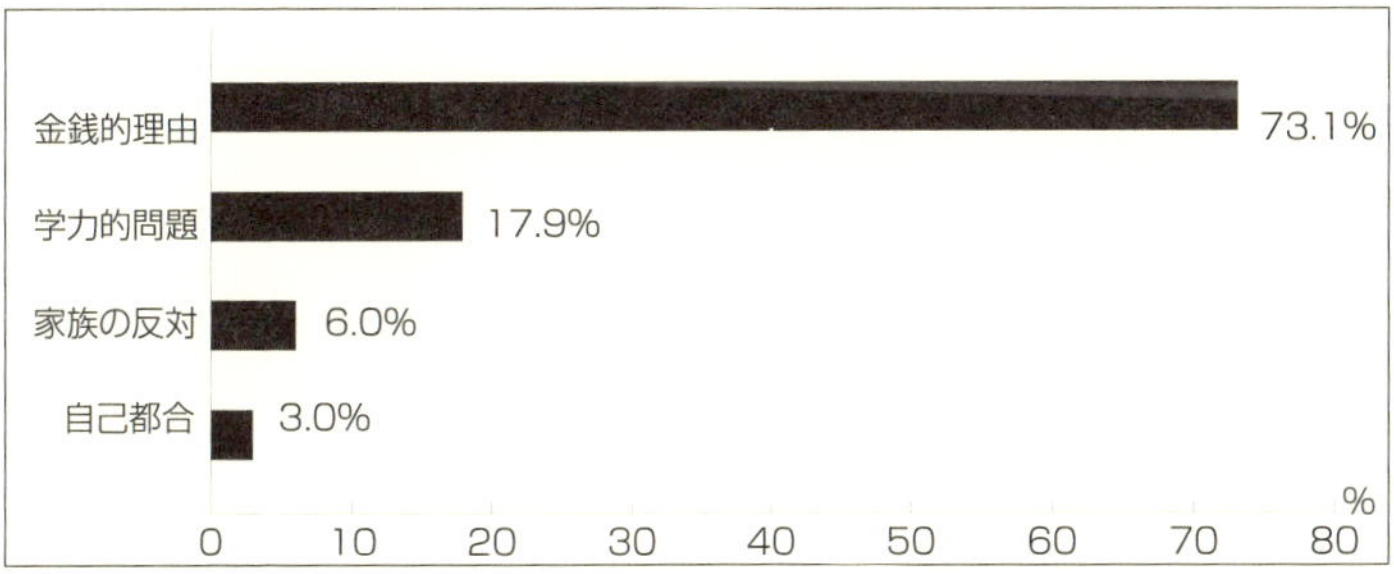


**図 13　進学ができなかった理由【自由記述をカテゴリー化】**

（職員回答：n＝67）

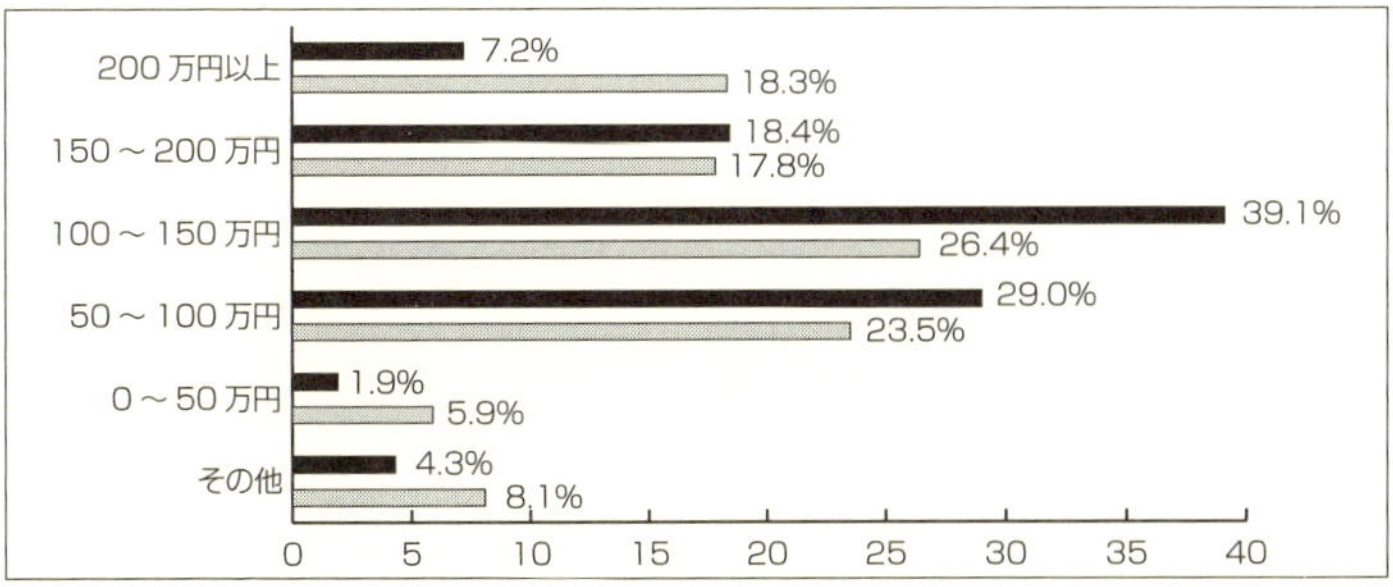


**図 14　どれくらいの補助があれば進学可能か**

（上／職員回答：n＝405　下／高校生回答：n＝207）

## これから求められることは何か

もっと奨学金や助成金など充実できるといいなぁ……！

大学等進学に向けて、金銭的な課題が最も大きいため、少しでも緩和できる施策が不可欠です。現在、社会的養護のもとで暮らす子どもたちの進学支援として、措置費による教育等経費「大学等自立生活支援費」があり、その他、民間の財団による奨学金や支援金、生活面では、大学等在学中は二〇歳まで施設から通学することができること、また、生活福祉資金の貸付けなどの支援策はあります。しかし、それらの支援を受けたとしても、学費、生活費の支払いをほとんどすべてまかなわなければならない現状を考えると、決して十分なものと言えません。また、在学中にアルバイトをしても、学業との両立で限られた時間しかやれないため、わずかな収入しか見込めません。つまり、毎日の生活がぎりぎりの状況であり、〝自転車操業〟と言っても過言ではなく、常に大きなリスクを背負って進学することになります。また奨学金、支援金等は選考があり、希望者の中で支給を受けられるのはわずかな人数に限られています。学費や生活費のための、現状の支援策のみでは不十分であり、さらなる各種助成金、奨学金など金銭的援助、学費等の一部あるいは全額免除、生活面で住居の保障など、多様な形態による経済的な支援の充実をはかっていく必要があります。その具体的な金額としては、職員、高校生ともに入学時におよそ一〇〇～一五〇万ぐらいの補助があれば進学を考えると答えた方が多かった結果から、経済的援助施策を検討する上で一つの目安となる金額であると考えられます。

### いろんな情報をどこに聞いたらいい？　先輩の経験談など、聞けるように！

学費等の経済的援助や免除などは一部の大学等で設けられており、また民間の財団等による何らかの経済的援助もわずかにあるものの、進学を希望する高校生の数に対して非常に少ない状況です。また、団体・機関や大学等でどのような支援を受けられるのか全国の助成金、奨学金制度などの情報が各施設、子どもたちに十分に行き渡っていません。そのような大学進学に関する情報を身近な各地域で相談、支援できる団体や機関の充実が望まれます。

たとえば、全国各地ではじめている当事者支援団体（あるいは、それに代わる機関・団体）など、実際に児童養護施設等を退所した進学経験者などが自身の経験をもとに進学のための助言やアドバイスも含めた具体的な情報提供等の支援の役割を担うことが考えられます。そうすることが、高校生や職員の大学進学等への不安感を少しでも取り除き、可能性や希望、進学を目指す意欲を持てるのではないでしょうか。

## 入学後の不安や困りごとを誰に相談したらいい？　いろんなサポートがあれば！

職員のアンケートでは、大学等に進学した後（入学後）、継続していけるのか不安であるという意見が見られました。これに関連して高校進学において九割の子どもが進学できるようになった一方で、二〇〇六年の調査報告（全国児童養護施設協議会調査）による高校中退率は入所児童七・六％であり、全国の二・一％と比べて高い現状があります。こうした現状から、大学等進学の場合はさらに学費や生活費などの金銭的負担、身の周りの生活全般すべてを自身でまかなっていかなければならないため、負担が大きく継続が難しくなることは容易に予想されます。さらに大学に入学できても学習が追いついていけない場合や基礎的な学力が十分に身についておらず苦労する場合も考えられます。座談会では、「経済的なことも心配だし、勉強とかついていけるのかも心配です。一人暮らしをするので、生活もちゃんとできるかが心配です」と、大学進学を希望する高校生の声が語られました。子どもたちにとって、一度に様々なことを両立していかなければならない不安感は計り知れず、かなり大きいものであることがうかがわれます。

こうしたことから、入学した後にも、勉強を継続していけるための（在学中の）サポートが必要であると考えます。学習に関する悩みや金銭的不安に対する支援に加え、大学等で学ぶ上での人間関係、生活上の悩みや葛藤など精神的な支援も含めて多様な支援が必要です。

**しっかり勉強したい……塾などに通えるといいなぁ。環境を整えて！**

また、より多くの子どもたちが、なるべく早い段階から小学、中学、高校生それぞれの時期での基礎学力を中心とした学力向上のための支援も必要としています。施設を退所された方の座談会での声で、「施設入所する前は、小学校にほとんど通っておらず、中学で施設入所してから、学力が遅れていて、ローマ字ができず、九九もできなかった」と語られました。しかし

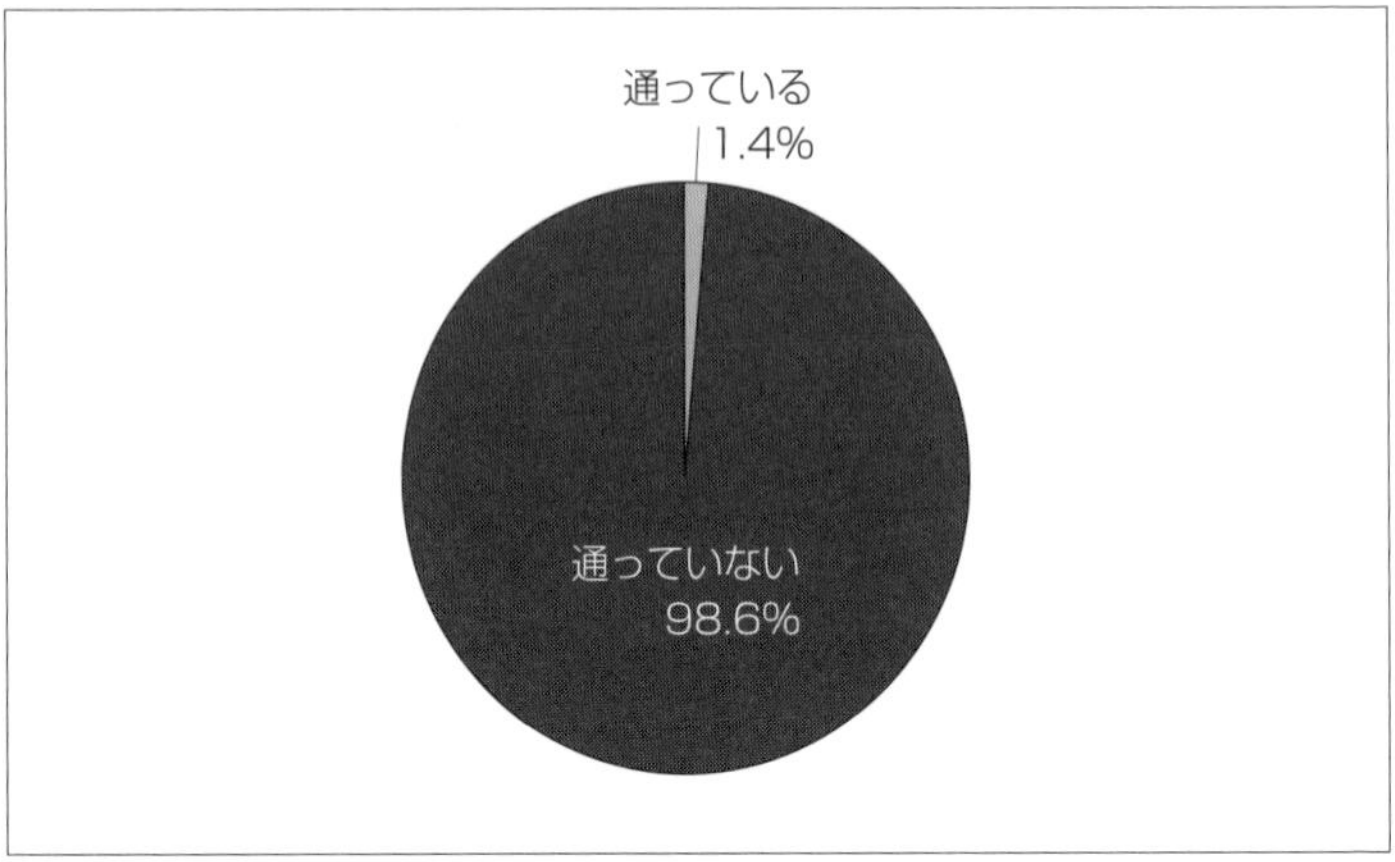


**図 15　塾や予備校に通っているか**

（高校生回答：n = 432）

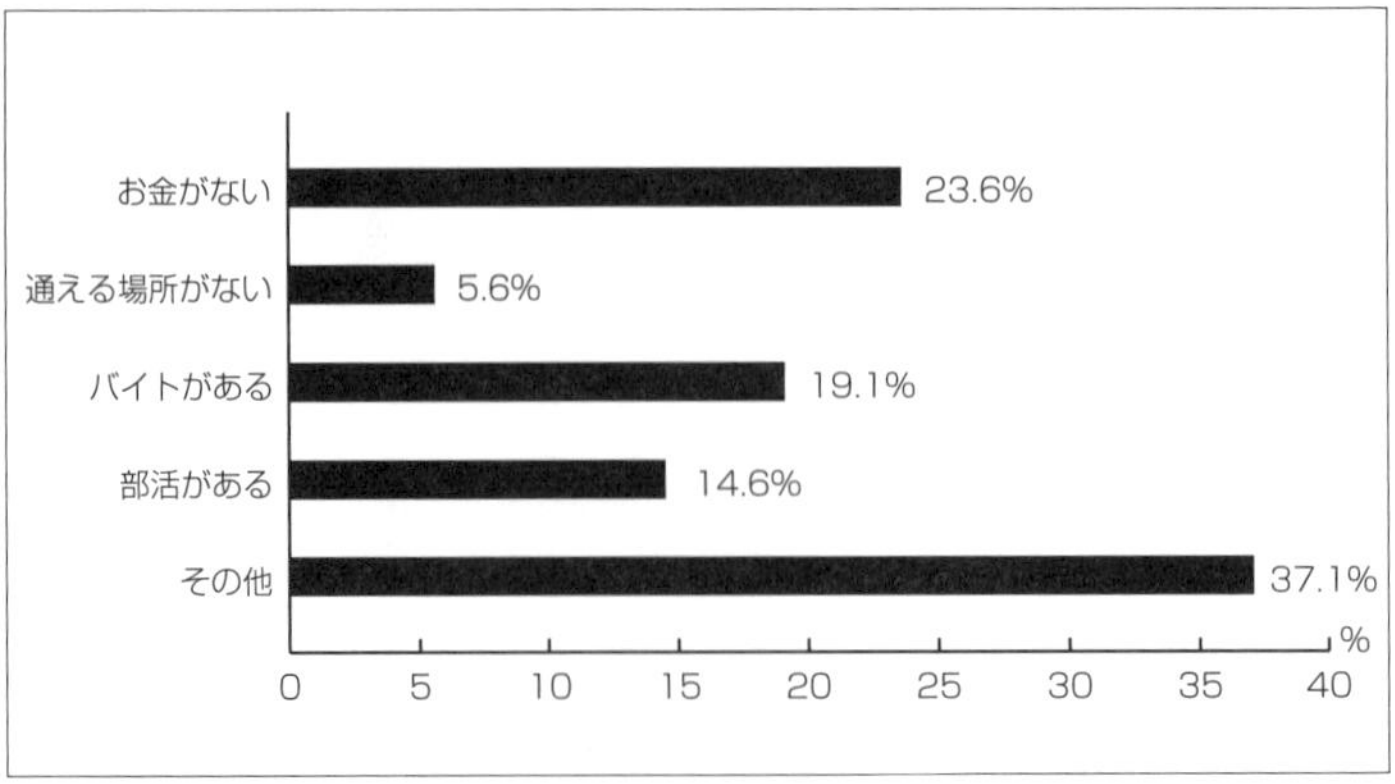


**図 16　塾や予備校に通えない理由**

（高校生回答：n = 89）

学校や職員に一対一で教えてもらい基礎学力をとり戻したことが話されました。このように、入所する以前の生活環境が落ち着かなかった子どもたちも多く、基礎学力から身につけていかなければならない場合も少なくないように思われます。

そして基礎学力を身につけた次の段階では、大学等への受験のための学習支援も不可欠になりますが、これに関しては、高校生の九割以上が塾や予備校に通えていない実態が今回の調査で明らかになりました（図15）。その理由としては「通うお金がないから」が二割、「バイトがあるから」が二割弱であり、三割を越える「その他」の自由記述では、施設の方針などで受験を控えている中学生が優先され、高校生は通えないという意見が目立ち、また「自分だけ通うと他の子どもと不平等になるから」と通うことへの遠慮が感じられる意見もありました（図16）。現状では、措置費による教育等経費として、中学生のみ対象の学習塾費の実費が支弁さ

れていますが、高校生はその対象となっていません。よって最低限、希望する高校生に対して、塾や予備校に通える国からの費用の保障があってもよいのではないかと考えます。あわせて各施設における学習ボランティアを積極的に活用すること、そして日常的に学習しやすい環境を整えていくことがとても大切なのではないかと思われます。

## 高校生から、最後に一言！

「施設について、いろんな職員が辞めたり、入ってきたりしているのでそういうのはちょっとやめてほしいです……」

「理想の施設はやっぱりいじめとかのない施設！」

「子どもには、いじめとかはいけないっていうけど、職員内で陰で悪口を言ったりしているから、そういう職員間の悪口はやめてほしいです」

「やっぱりいじめをなくしてほしい。他には、小学校とかに行くと他の子は、家族がいて、その子たちは休みに旅行に行ったりしてます。でも施設に住んでいると全体行動になってしまって、好きなところにも行けないから、行きたいところにもっと連れていってほしい」

「きょうだいがいるので、妹は違うホームで生活しているのですが、ホームごとでルールも違うのでなかなか会えないため、やっぱりきょうだい同士は同じホームにしてほしい」

「職員が、新しく入ってきた職員に対して、指導とかするときに、それを子どもの前で怒らないでほしいです」

「不満はやっぱり、ひいきがあるからみんな平等に見てほしい。理想の施設は、ひいきのない平等に接してくれる施設です。

また、高校生なのに自分のお金が管理できないということが一番の不満です。職員が管理してると、卒業してからもどう管理していいかとかわからないので、高校生からお金の計画とかをたてられるといいなと思います」

## 施設を退所された皆さんから、最後に一言！

「すごく自分が苦労をしたので、子どもたちには同じ思いをしてほしくはないので、やっぱり小学生の頃から学力をしっかりつけることをしていってほしいです。お金がないために高校で終わってしまっている子もいるので、援助が本当に必要だと思います。施設側も本当に子どもたちに目を向けて、お金がないために子どもたちに夢をあきらめさせるようなことをしないように……と願います。私は苦労してようやく保育士になれましたが、学力がないために夜間高校という選択肢しかなくて、長くかかりました。本当にもっと勉強をしておけばよかったな、と思っています」

「やっぱり自分の気持ちは一番大事だと思うので、本気でやりたいことがあったら、相談しつつ、がんばってやっていってほしいなと思います。いつまでもわがまま言っていちゃいけないなって思います。わがままっていうのは、たとえば、職員から何か言われたときに『うっとうしい』とか言うんじゃなくて、もっと素直に職員の言うことを聞くのも大切だと思います」

「子どもたちには自分がやりたいことを『やりたい』と大人に言えるようになってほしいです。『やりたい』という子どもの気持ちを大人がどう伸ばしていくかも大事であり、子どもにもがんばってもらいながら、大人も応援していく、ということが大切だと思います。あと、子どもたちがやりたいことに近づけるように、支援をしていってほしいですね」

「子どもたちが思いを言える状況をつくってほしい。聞いてあげられる状況をつくってほしい。先生たちに子どもがもっと甘えられるようになれるといいです。子どもたちも甘えようとしていると思います。職員が『この子は今甘えたいんだ』って思ったときに、個別にその子と話ができたりすると、子どもは『この先生には話ができるかな』と思うし、そうすれば子どもから話せる状況ができてくると思います。お互いが歩み寄れるように。でも子どもからは難しい場合があれば、大人から歩み寄ってほしいと思う。それに対して子どももなりにも歩み寄って行ければと思います」

「大学に行ってみて、勉強することで、勉強することはやっぱり武器となり、これから私を守っていくものだと思うので、無理だとか、そういうことは思わずに、前向きにやりたいことはやりたいと言い、できないこともできないとは言わず諦めずにやれば、きっといろいろなことが前に進んでいくので、がんばってもらいたいなと思います」

## おわりに

今回のアンケート調査結果および座談会におきましては、限られた方々からのご意見であり、児童養護施設に入所しているすべての高校生や退所された方、職員の意見が反映されているわけではないため、おおよその傾向をつかむことにとどまっています。つまり、今回の調査に応じてくださった方は、調査の趣旨を肯定的に捉えていただいた施設であること、また高校生、退所者の方においては、調査の時点で職員や施設とのつながりが深かったり、自らのことを言葉で表現したり語ることのできる人に限られています。しかし、おおよその傾向を見る中で、今後必要な援助を考えるためのいくつかの手がかりを得ることができました。

最後に、今回のアンケート調査や座談会では、多くの児童養護施設の高校生、各施設職員、施設を退所された方、集計作業協力者の学生の皆様に多大なるご協力をいただいたことに深く感謝の意を表します。誠にありがとうございました。

＊引用・参考文献

・特定非営利活動法人こどもサポートネットあいち（二〇一〇）『全国児童養護施設に入所している高校生・職員へのアンケート調査報告書』
・特定非営利活動法人こどもサポートネットあいち（二〇一〇）『乳児院・児童養護施設入所児と卒園児を対象とした手記集』

# 第3章　今・そして未来へ

## ――児童養護施設の現状と将来像

# 1 児童養護施設のはじまり

児童養護施設の前身は聖徳太子が四天王寺を建立するにあたり「四箇院制」をとった一つの「悲田院」建立がはじまりです。「悲田院」とは 仏教の慈悲の思想に基づき、貧しい人や孤児を救うためにつくられた施設です。その後、仏教思想の影響を受けて孤児・捨て子等の児童救済のために施設が設立されました。

さらに、近代には日本国内や諸外国からのキリスト教的精神に基づいて自分の私財を投げ打っての慈善事業が、当時貧しい状況にあった児童救済事業を支えていました。現代の日本においては戦後児童福祉法成立後、国が責任を持って対応をすることで今日まで児童福祉行政を担ってきています。

## 2 児童養護施設の分類

児童養護施設はその形態で大きく分けて大舎制、中舎制、小舎制、グループホームがあります。各児童養護施設形態の内訳は、全国で大舎制が三七〇施設（七五・八％）を占め、次に小舎制が一一四施設（二三・四％）、中舎制が九五施設（一九・五％）（表1）となっています（平成一九年度社会的養護施設に関する実態調査、厚生労働省）。

### 大舎制とは

一舎につき二〇人以上の児童が住んでいます。特徴として、一つの大きな建物の中に必要な設備が配置されており、一般的には一部屋五〜八人、男女別・年齢別にいくつかの部屋があって、食事は大きな食堂で一緒に食べます。共同の設備、生活空間、プログラムのもとに運営されています。

## 中舎制とは

中舎制は一舎につき一三人から一九人の児童が住んでいます。特徴として大きな建物の中を区切って小さな生活集団をつくり、それぞれに必要な設備を設けて生活しています。

## 小舎制とは

小舎制は、一舎につき一二人までの児童が住んでいます。特徴として、一つの施設の敷地内に独立した家屋がいくつかある場合と、大きな建物の中で、生活単位を小さく区切る場合があり、それぞれに必要な設備が設けられています。

## ユニットケア（小規模グループケア）

二〇〇四年から制度化され、原則として定員六名で、小舎制に含まれます。できる限り家庭的な環境の中で、個別的な関係を重視したケアを提供しています。二〇〇九（平成二一）年度は全国で四〇三カ所（一施設で複数設置を含む）。

**グループホーム（地域小規模児童養護施設）**

二〇〇〇年から制度化されたもので、原則として定員六名であり、本体の児童養護施設とは別の場所に、既存の住宅等を活用して行います。生活技術を身につけることや、家庭的な生活体験や地域社会との密接な関わりを持つようにされています。二〇〇九（平成二一）年度は全国で一九〇カ所（一施設で複数設置を含む）。

**表1　児童養護施設の分類**

| | | 寮舎の形態 | | | 小規模ケアの形態 | | |
|---|---|---|---|---|---|---|---|
| | | 大舎 | 中舎 | 小舎 | 小規模グループケア | 地域小規模児童養護施設 | その他グループホーム |
| 保有施設数（N＝489） | 施設数 | 370 | 95 | 114 | 212 | 111 | 55 |
| | % | 75.8 | 19.5 | 23.4 | 43.4 | 22.7 | 11.3 |
| 舎数 | | 476 | 220 | 444 | 212 | 116 | 98 |
| 一舎あたり定員数 | 平均 | 45.65 | 15.43 | 8.82 | 7.27 | 5.99 | 6.06 |
| 一舎あたり在籍児童数 | 平均 | 42.09 | 14.46 | 8.36 | 7.14 | 5.81 | 5.58 |
| 職員一人あたり児童数※ | 平均 | 4.43 | 3.91 | 3.39 | 3.08 | 2.75 | 2.59 |

※社会的養護施設に関する実態調査（平成20年3月1日現在）調査回答施設数489
※「職員一人当たり児童数」は、週40時間に換算したもの。施設においては休日・夜間の対応も行われていることに留意する必要がある。
※例えば、大舎の寮の中に小規模グループケアのユニットがある場合、小規模グループケアによる定員や在籍児童数は、大舎の定員や在籍児童数から除かれている。

## 3 児童養護施設の目的

児童養護施設とは、一九四七（昭和二二）年に制定された児童福祉法第七条で定められている児童福祉施設の一つです。二〇〇四（平成一六）年一二月に児童福祉法の一部を改正する法律が公布され、児童養護施設の目的が改正されました。改正児童福祉法第四一条では、「保護者のない児童（乳児を除く。ただし、安定した生活環境の確保その他の理由により特に必要のある場合には、乳児を含む）、虐待されている児童その他環境上養護を要する児童を入所させて、これを養護し、あわせて退所した者に対する相談その他の自立のための援助を行う」と定められています。今までの「養護施設」という名称から「児童養護施設」に改称され、必要のある場合には乳児も対象とし、退所後の相談および自立支援という概念が位置づけられています。

# 4 児童養護施設の現状

児童養護施設に入所している子どもの数は平成二〇年二月一日現在で三万一五九三人（平均年齢一〇・六歳）です。児童養護施設数は厚生労働省福祉行政報告例（平成二二年三月末現在）によると五七五カ所あります（図1）。里親に養育を委託されたり乳児院や情緒障害児短期治療施設など社会的な養護を必要とする子どもの全体数は約四万七〇〇〇人にのぼり、要保護児童数の増加に伴い、ここ十数年で、児童養護施設の入所児童数は一・一九倍（図2）、乳児院が一・二倍に増加しました。また、全国の児童相談所における児童虐待に関する相談件数は、児童虐待防止法施行前の平成一一年度に比べ、平成二一年度においては三・八九倍に増加しており（図3）、児童養護施設に入所している子どものうち、半数以上は、虐待を受けています。平成二〇年二月一日の調査結果によると、五三・四％が虐待を受けて入所しています（図4）。

さらに、社会的養護を必要とする児童においては、障害等のある児童が増加しており（図5）、児童養護施設に入所している子どもの二三・四％が、障害有りとなっています。

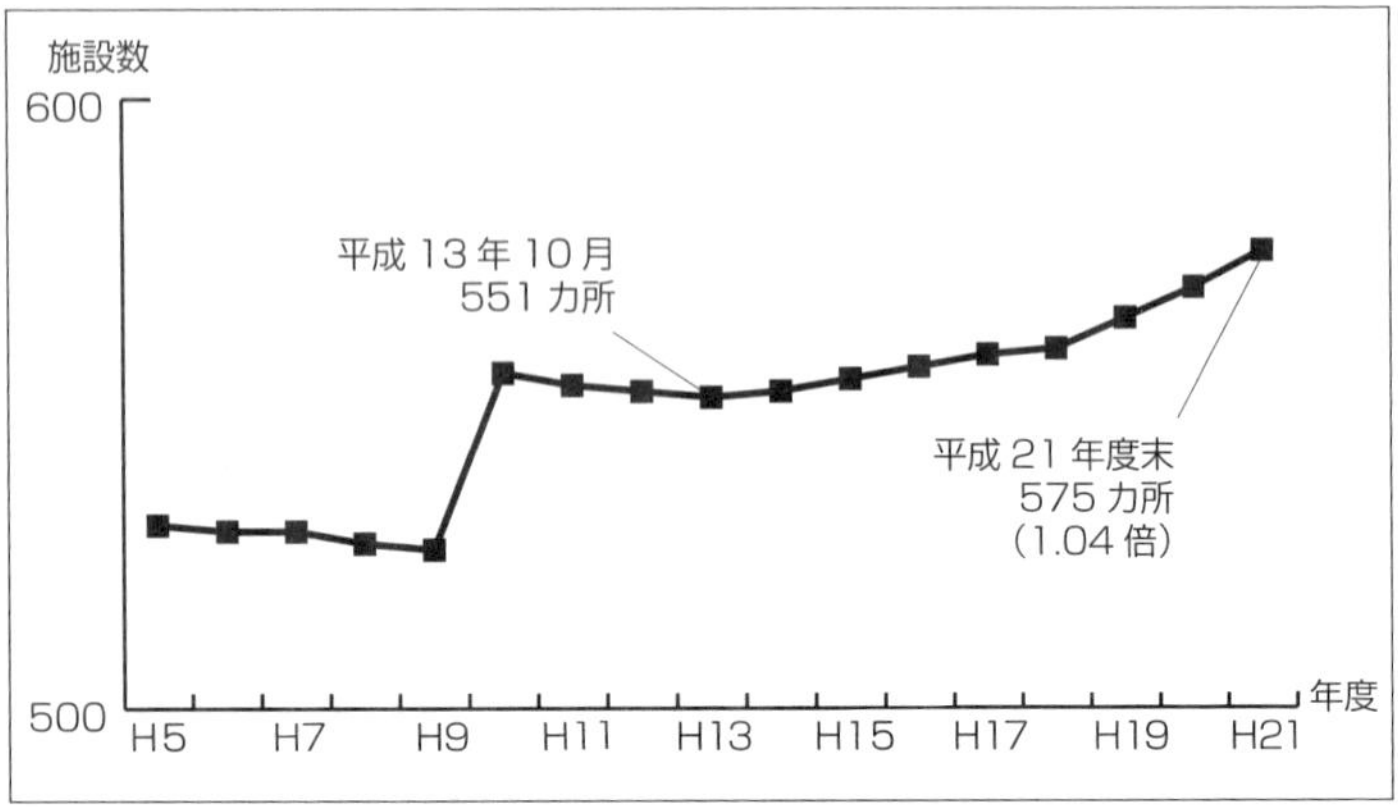


**図 1　児童養護施設の設置数**

社会福祉施設等調査（各年度 10 月 1 日現在）による。ただし、平成 21 年度のみ福祉行政報告例（平成 22 年 3 月末日現在）。

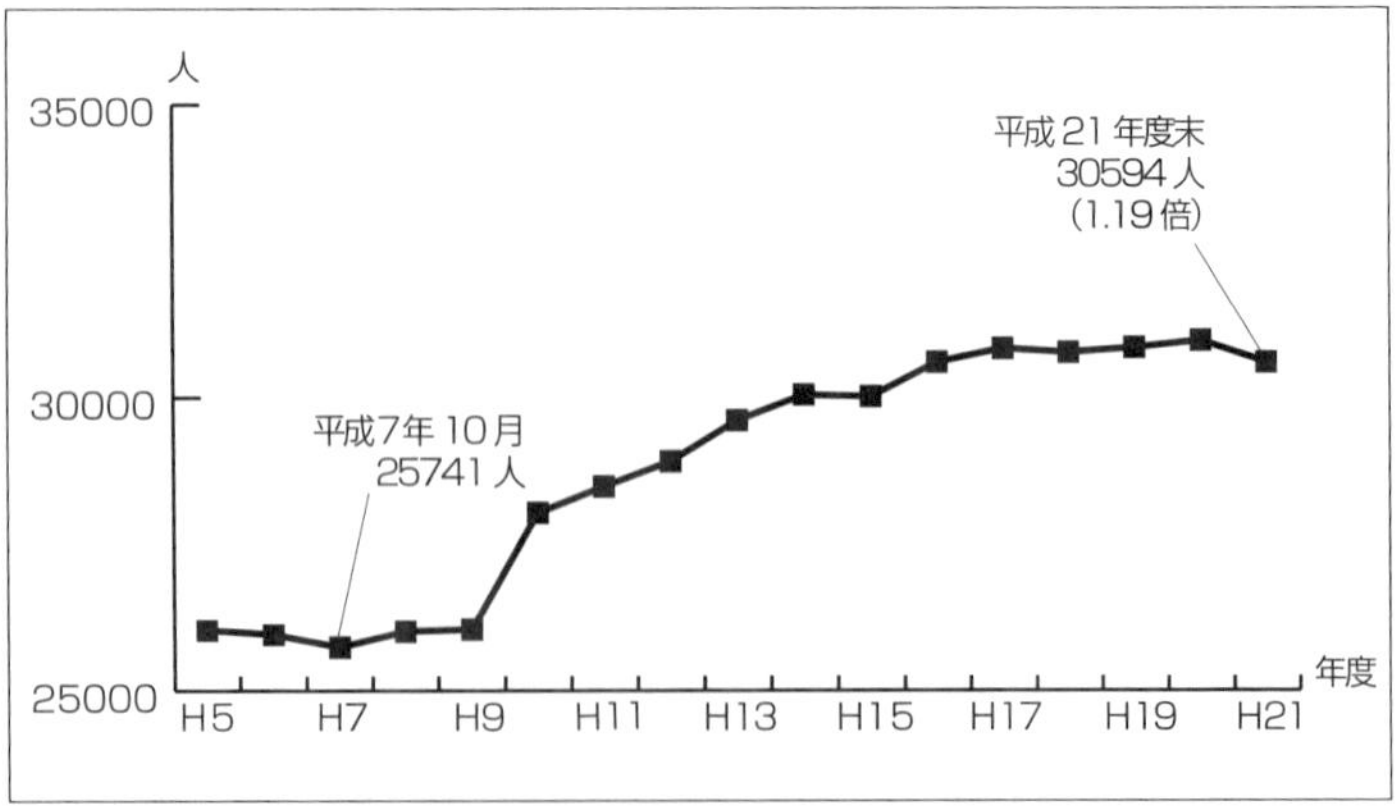


**図 2　児童養護施設の入所児童**

社会福祉施設等調査（各年度 10 月 1 日現在）による。ただし、平成 21 年度のみ福祉行政報告例（平成 22 年 3 月末日現在）。

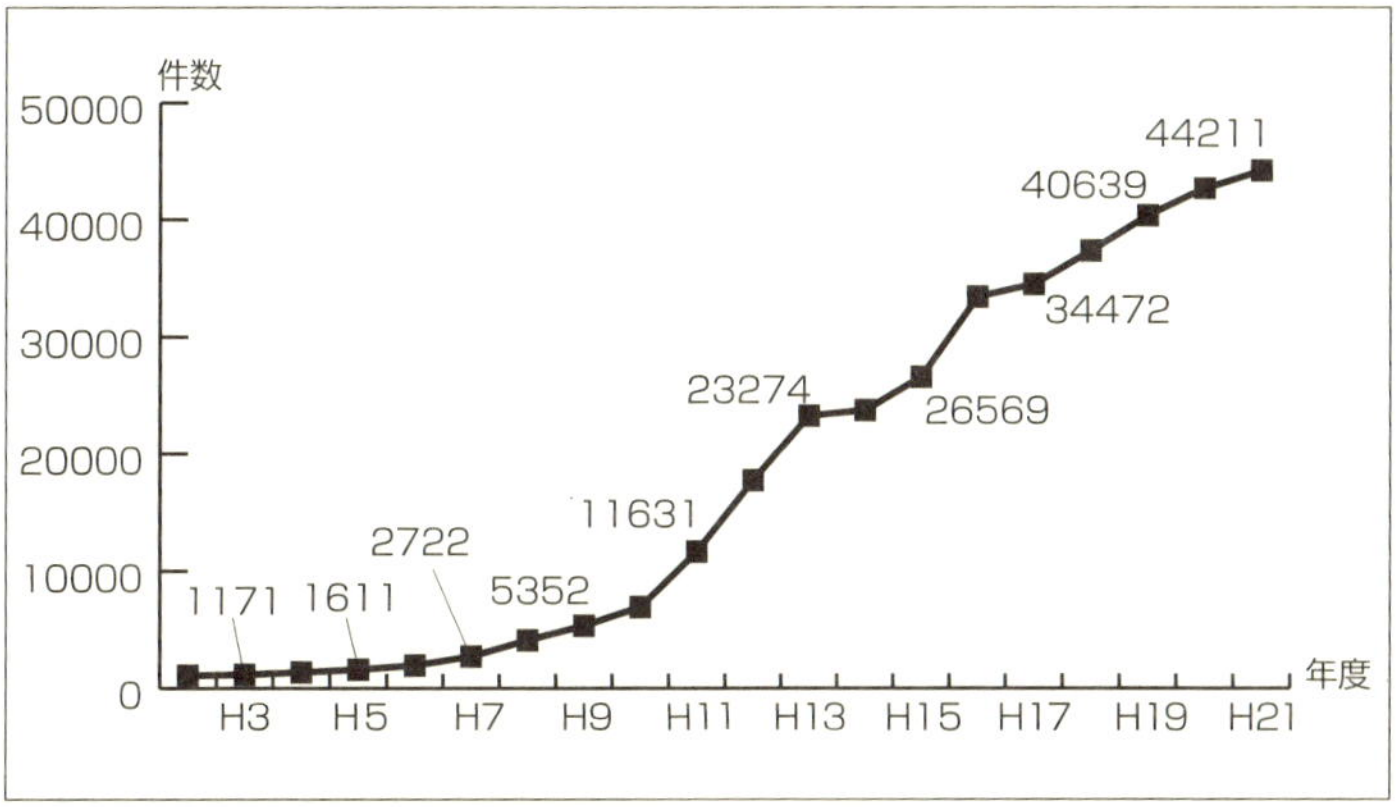


**図 3　全国の児童相談所における児童虐待に関する相談件数**

児童養護施設入所児童等調査結果（平成 20 年 2 月 1 日）

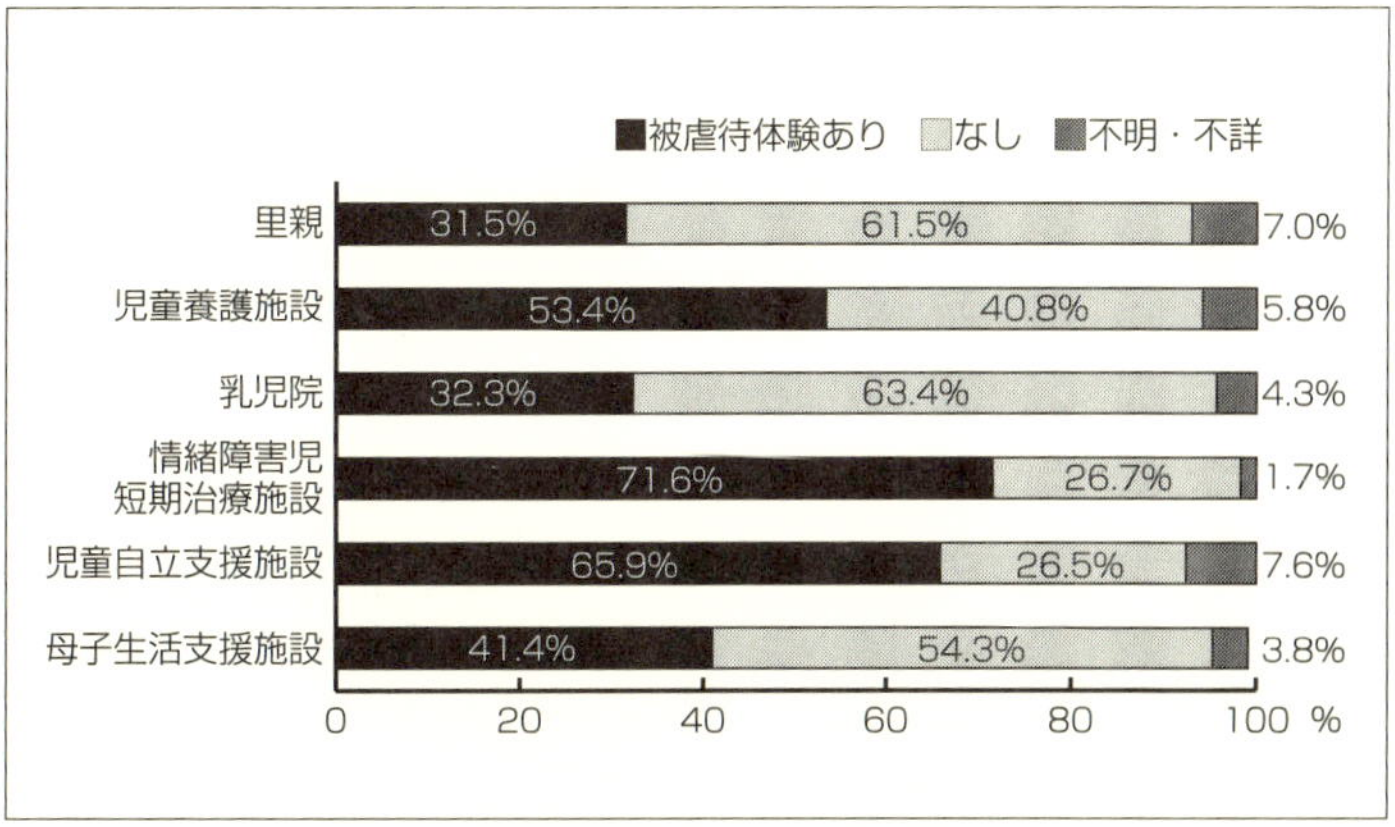


**図 4　被虐待体験のある入所児童の割合**

平成 19 年度社会的養護施設に関する実態調査（平成 20 年 3 月 1 日現在）

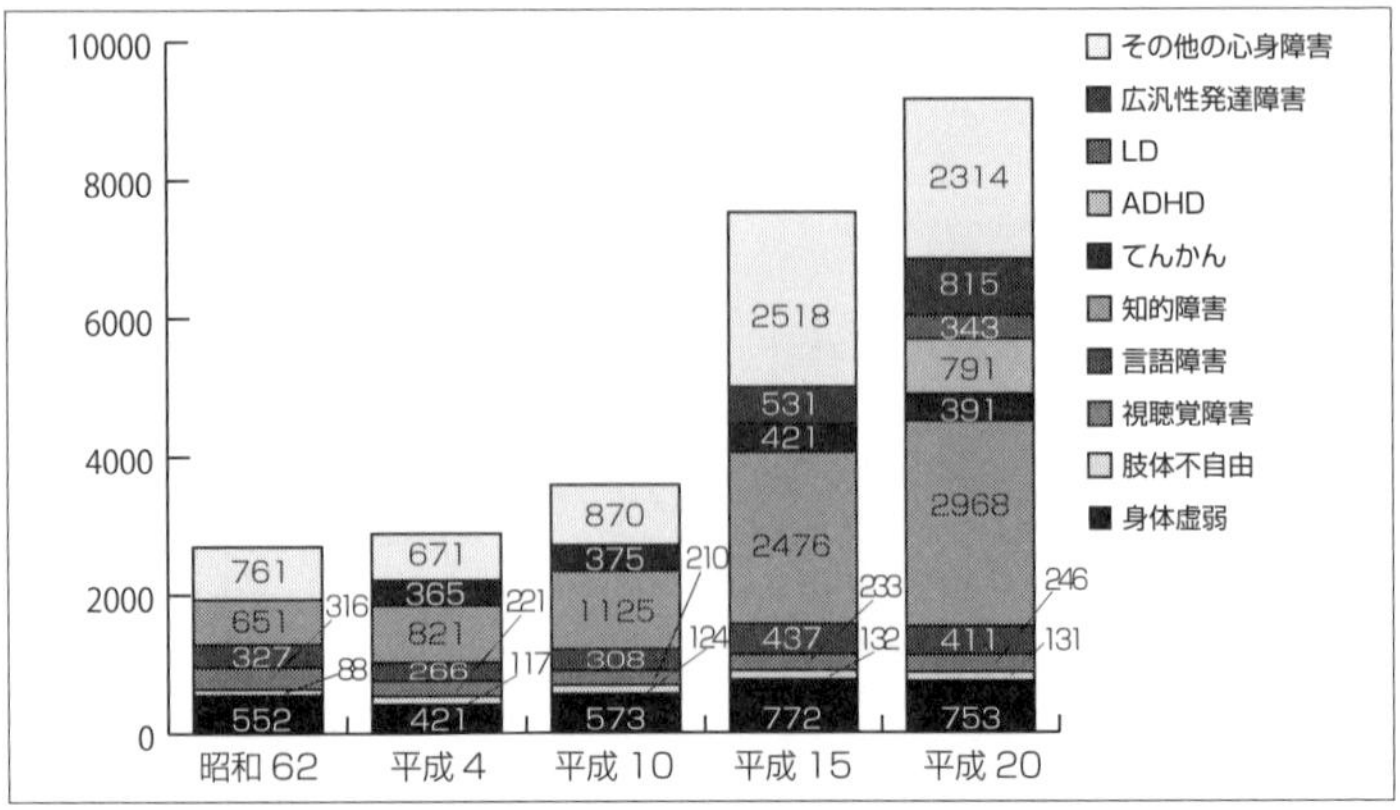


**図 5　児童養護施設における障害等のある児童数と種別**

児童養護施設入所児童等調査結果（平成 20 年 2 月 1 日）

※ＡＤＨＤ（注意欠陥多動性障害）については、平成 15 年より、広凡性発達障害およびＬＤ（学習障害）については、平成 20 年より調査。それまではその他の心身障害へ含まれていた可能性がある。

**表 2　児童養護施設への入所理由**

| | | | |
|---|---|---|---|
| 父の死亡 | 195 人（0.6%） | 父の精神疾患等 | 180 人（0.6%） |
| 母の死亡 | 580 人（1.8%） | 母の精神疾患等 | 3197 人（10.1%） |
| 父の行方不明 | 328 人（1.0%） | 父の放任・怠惰 | 654 人（2.1%） |
| 母の行方不明 | 1869 人（5.9%） | 母の放任・怠惰 | 3707 人（11.7%） |
| 父母の離婚 | 1304 人（4.1%） | 父の虐待・酷使 | 1849 人（5.9%） |
| 父母の不和 | 252 人（0.8%） | 母の虐待・酷使 | 2693 人（8.5%） |
| 父の拘禁 | 563 人（1.8%） | 棄児 | 166 人（0.5%） |
| 母の拘禁 | 1048 人（3.3%） | 養育拒否 | 1378 人（4.4%） |
| 父の入院 | 327 人（1.0%） | 破産等の経済的理由 | 2390 人（7.6%） |
| 母の入院 | 1506 人（4.8%） | 児童の問題による監護困難 | 1047 人（3.3%） |
| 父の就労 | 1762 人（5.6%） | その他 | 2674 人（8.5%） |
| 母の就労 | 1293 人（4.1%） | 不詳 | 631 人（2.0%） |

（総数　31,593 人）

児童養護施設入所児童等調査結果（平成 20 年 2 月 1 日）

## 児童養護施設への入所理由

かつて入所理由の三大要因は、親の行方不明、父母の離婚、親の入院でしたが、平成一四年度調査では、親の就労、放任、怠惰、虐待、酷使が入所理由を占めるようになりました。現在の入所理由では多くの場合、入所理由が複数で重層的になってきています。平成二〇年度二月現在の調査によると、母の放任・怠惰、母の精神疾患など、母の虐待・酷使、破産などの顕在的理由が上位を占めています（表2）。

## 児童養護施設からの高校・大学進学について

高校進学率は高くなったものの、高校卒業後の進路は一般に比べて進学率は低く、就職が多くなっています。全国児童養護施設協議会編（二〇〇六）「平成一七年度児童養護施設入所児童の進路に関する調査報告書」に、全国の児童養護施設五五〇施設における中学卒業者の進路に関する調査結果と高等学校卒業後の進路に関する調査結果が示されていますが、それによると平成一七年度の児童養護施設の高等学校進学率は八七・七％であり、全国の高校進学率九七・六％と比較するとまだ相変わらず低いですが、かつてよりは進学率が上がってきています。ちなみに、平成二一年度の児童養護施設の高校進学率は九一・九％です。

一方、平成一七年度の中学校卒業後の就職者数は一五八名、九・三％で、全国の中学生の就職率〇・六％と比べると非常に高くなっており、平成二一年度の中学校卒業者の就職者数は六二名、二・五％（表3）でした。

平成一七年度の高校卒業者の進路については、まず、高校卒業者の就職率は六九・〇％で、全国の高校生の就職率である一七・四％に対して非常に高く、平成二一年度においても六七・一％（表4）と高くなっています。進学に関しては四年制大学、短期大学への進学者は平成一七年度は七八名であって、施設における高校生の九・三％であり、全国の大学等の進学率四七・三％と比較すると、圧倒的に低い数字と言えます。平成二一年度でも一八七名、一三・〇％（表4）と低くなっています。

## 最低基準における居室面積（一人当たり）の改正経緯

一九四八年以来、「一部屋一五人まで可」としてきた居室定員を見直し、上限を四～六人とする方向で検討されています。現在は居室の居住定員と面積について、年齢に関係なく「一部屋一五人以下、一人当たり面積三・三平方メートル以上」とされていますが、今回（平成二三年）の改正で、四・九五平方メートルに改正されました（表5）。面積は平成一〇年度に二・四七平方メートルから三・三平方メートルに改正されましたが、定員は見直されていませんでした。児童養護施設は虐待を受けた入所児が五割を超え、手厚いケアが求められています。最近ではほとんどの高校生は個室が増えましたが、七歳以上の子ども一〇人が大部屋で暮らす施設もあります。

一人当たりの面積を巡っても、国の「住生活基本計画」は「最低居住面積水準」を一〇歳以上は一人約五平方メートルとし、児童養護施設の狭さが際立ちます。養護老人ホーム（一部屋原則一人、一〇・六五平方メートル以上）や、障害者支援施設（四人以下、九・九平方メートル）より低い水準です。

**表３　児童養護施設から中学校卒業後の進路**

| | |
|---|---|
| 中学校を卒業した子どもの数 | 2,509 人（平成 21 年度末） |
| 高校など | 2,305 人（91.9%） |
| 専修学校等進学 | 64 人（2.6%） |
| 就職 | 62 人（2.5%） |
| その他 | 78 人（3.1%） |

（平成 22 年 5 月 1 日現在の進路　厚生労働省家庭福祉課調べ）

**表４　児童養護施設から高等学校等卒業後の進路**

| | |
|---|---|
| 高等学校を卒業した子どもの数 | 1,444 人（平成 21 年度末） |
| 大学等進学 | 187 人（13.0%） |
| 専修学校等進学 | 146 人（10.1%） |
| 就職 | 969 人（67.1%） |
| その他 | 142 人（9.8%） |

（平成 22 年 5 月 1 日現在の進路　厚生労働省家庭福祉課調べ）

※「高校等」は、高等学校、中等教育学校後期課程、特別支援学校高等部、高等専門学校

※「大学等」は、大学、短期大学、高等専門学校高等課程

※「専修学校等」は、学校教育法に基づく専修学校（第八二条二）及び各種学校（第八三条）並びに職業能力開発促進法第一六条二基づく公共職業訓練施設

**表５　最低基準における居室面積（１人あたり）の改正経緯**

| | 昭和 23 年 | 昭和 36 年 | 平成 10 年 | 平成 23 年（今回改正） |
|---|---|---|---|---|
| 乳児院 | 1.65㎡以上 | | | 2.47㎡以上 |
| 児童養護施設 | 2.47㎡以上 | | 3.3㎡以上 | 4.95㎡以上（乳幼児のみ居室は 3.3㎡） |

## 5 児童養護施設における生活づくりを考える

入所児童の質がどう変化しようとも、施設は集団生活の場であることは変わりません。「人間は一人では生きることも、育つこともできない。人間集団の中でこそ、人間的に成長する」からです。被虐待児童の援助にしても、心理職等の職員が個別に子どものケアに当たればそれで問題が解決するものではありません。心理職等職員の個別的なケアの時間以外は、子どもは自らの所属する生活グループの中で他の子どもたちと生活を共にするわけであり、したがって、その子どもの所属する生活グループの中で情緒安定が図られなければ、心理的ケアが有効に機能しないのです。施設養護の実践は、子どもたちと生活を共にする職員らの生活グループの中に子どもたちが自分の居場所を持ち、安心して生活できるように、子どもたちの生活づくりと集団づくりに力を注ぐことが大切です。

## 生活づくりの基本

施設における生活づくりの基本は、生活主体者である子どもたちの意思を尊重し、その基礎集団である生活グループを、子どもたちに主体性を持たせながら安定したものに育てるとともに、子どもたち一人ひとりがその集団の中で安心して生活ができる居場所をつくることです。そのためにはその生活主体者尊重の基本的姿勢が子どもの入所から退所に至るまでの養護プログラム全ての実践に生かされなければなりません。

## 個別的ふれあいと集団の中での育ちあいを大切に

子どもたちが社会自立をするためには、「生活力」を身につけることが必要ですが、施設入所に至るまでのいろんな問題等によって心を傷つけられた子どもたちの「明日への生きるよろこび・生きる力」を育てることは容易なことではありません。子どもたちの「生きる力」を育てるためには、子どもたち自身が自らの歴史や自分と家族の問題をしっかりと見つめ、それらの問題を正しく捉え、そして乗り越えるための個別的な援助が必要となります。実際には集団

生活の中で子ども一人ひとりの心の動きを捉え、個別に適切な援助を図ることは大変に難しいことですが、これはどうしても取り組まなければならない課題でもあります。その援助の方法としては、個別に話を聴き、それに対応するのも大事なことですが、子どもたちに自己表現する機会を多く持たせることも大切になります。

## 6 児童養護施設における自立支援の取り組み

### 生活指導

まず、「生活指導」ですが、生活の中で、洗濯、掃除、食事、片付け等の日常的習慣を指導し、習得させていきます。具体的には、掃除指導とは居室の整理・整頓、ごみ処理の方法の指導であり、子ども自身で行えるようにし、掃除を習慣化させていきます。次に、食事指導とは箸・

ナイフ・フォークなどの食器の使い方、食事のマナーの指導、また、テーブル拭き、残飯処理、食後の後片付けなどを子どもに行わせることにより、習慣化させていきます。

生活指導は、身辺自立のための要素であるとも言えます。自らの健康管理をはじめとする身辺自立の力は、本能的に獲得し備わっているものではなく、生活の中で、食事や排泄、洗顔や入浴、掃除や洗濯といった行為を日常的習慣にすることにより習得されるものです。身辺自立は、人が生きていく上での基盤です。その要素である生活指導は、人が生きていく方法を指導することであると言えるのです。

### 学習指導

次に、「学習指導」ですが、一般的に、施設では日常の中での職員による学習指導（宿題確認、テスト・受験対策など）、塾または通信教育を利用した学習指導、学習ボランティアを施設に招き行う学習指導などがあります。

基礎的学力が身についておらず、低学力が目立つ施設の子どもの学習面での支援においては、学校との連携が重要となります。学校教師と定期的に連絡を取り合い、常に子どもの個々の学力を把握し、学力に応じた個別的な支援を学校・施設の両面からできるように連携を図ります。

また、集団生活である施設で学習支援を行う上で重要になるのが、環境づくりです。落ち着いて学習ができるような個別スペースや学習室を設備すること、中高生、受験生に対しては個室を与えることなどの配慮も必要となります。

## 金銭的管理の意識づけ

次に、「金銭的管理の意識づけ」ですが、その方法として一般的なものは、預金通帳の自己管理、貯金、アルバイト、服や日用品の買い物などです。

児童養護施設で育つ子どもは、退所（家庭復帰、措置変更の場合を除く）後すぐに自分の稼いだお金を自己管理し、そのお金で生活していかなければなりません。不足した分を補助してくれる人や、収入・支出のバランスを気にかけてくれる人はいないのです。そのため、施設での生活の間に、十分に計画的なお金の使い方を学んでおく必要があります。また、退所間近の子どもに対してはより具体的に、収入に対して支出はどのくらいなのか、また支出の内訳（アパート代、食費、光熱費、電話代など）はどうなっており、それぞれどのくらいの費用がかかるのか、といったことを子ども自身に考えさせ、生活していくための金銭的な計画を立てておく必要があります。

## 対人関係の支援

次に「対人関係の支援」ですが、その方法として、携帯電話の所有、敬語・丁寧語の指導、日常での礼儀作法の指導などがあります。

施設で暮らす子どもたちは、施設入所までの育ってきた環境の劣悪さから、コミュニケーション能力が欠如していたり、人との距離の取り方に歪みが生じていたりと、対人関係において大きな不安要素を持っていることが多くあります。そのため、言葉での表現・コミュニケーションという基礎的なところからしっかりと固めていく必要があります。また、社会に出たときに対人関係においてトラブルが起きないように、親代わりである施設職員が社会の常識について一つひとつ指導をしていくよう、日常的に心掛けていくことが大切です。

## その他

子どもの自立をより現実的に捉えた場合、重要になってくるのが「職業支援」であり、子どもが就職するにあたって業種の紹介、職業体験・就職の斡旋などをすることですが、最も基本となるのは進路・就職相談です。自分の進路・将来に対して子ども自身で自己決定ができるように、早い時期から相談に乗り、過程を踏んで支援していくことが求められます。他にも、子どもの家庭復帰に向けて保護者に対する指導や援助を行う「家庭復帰の調整」や、学校や地域へ積極的に参加をし、地域での子育てを目指して、子どもの生活圏である地域の環境を改善していく「地域環境の調整」などがあります。

以上のような「自立支援」が児童養護施設では行われています。取り組み方や重点をおいている自立支援、またどの程度力を入れて取り組んでいるかは、施設によって異なります。

## ⑦ 児童養護施設の課題と将来像

### 社会的養護の児童養護施設における課題と将来像

厚生労働省による社会的養護検討委員会でのとりまとめの要点（二〇一一年六月現在）を、児童養護施設に関する部分のみ以下に示しておきます。

児童養護施設の七割が大舎制で、定員一〇〇人を超える大規模施設もあります。社会的養護が必要な子どもをできる限り家庭的な環境で、安定した人間関係のもとで育てることができるよう、家庭的養護を強力に推進しています。

**①小規模化と施設機能の地域分散化による家庭的養護の推進**

・ケア単位の小規模化 ↓ 将来は全施設を小規模グループケア化（オールユニット化）
・本体施設の小規模化 ↓ 定員四五人以下に
・グループホームの推進、ファミリーホームの設置、里親の支援 ↓ 施設は地域の社会的養

護の拠点に

**②本体施設は、精神的不安定等が落ち着くまでの専門的ケアや、地域支援を行うセンター施設として高機能化**

・可能な施設から順次進め、着実に推進

・今後の施設の新築・改築にあたっては、本体施設の小規模化、地域分散化を条件に

・小規模グループケアの普及のためには、基本の人員配置の引上げ、賃借料の補助が必要

・個々のグループの孤立と密室化を防ぐため、研修の充実と施設全体の組織的運営体制が重要

## 社会的養護の課題と将来像の要点（案）

これからの社会的養護について、厚生労働省の児童養護施設等の社会的養護の課題に関する検討委員会とりまとめ要点（案）から、ここでは基本的考えのみ掲載しておきます。

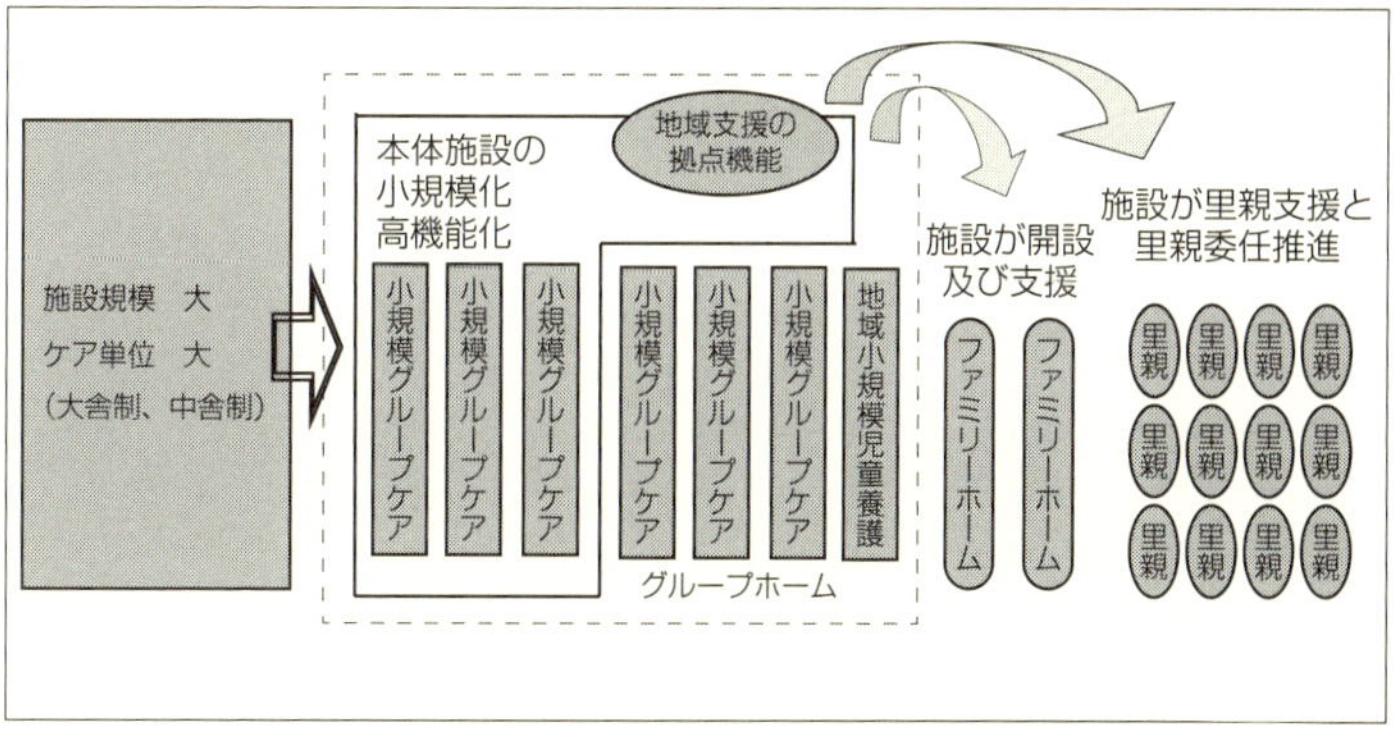


**図６　施設機能の地域分散化・家庭的養護の推進**

出典：厚生労働省社会的養護検討委員会資料

## これからの社会的養護における基本的考え方

・社会的養護はかつては親が無い、親に育てられない子どもへの施策であったが、現在は虐待を受けて心に傷をもつ子ども、障害のある子ども、ＤＶ被害の母子への支援へと役割が変化し、その役割・機能の変化にハード・ソフトの変革が遅れている。

・子育て支援施策を充実させていく中で、社会的養護の対象となる子どもにこそ、特に支援の充実が必要。

・社会的養護とは、保護者のない児童や保護者に監護させることが適当でない児童を公的責任で社会的に養育し、保護するとともに養育に大きな困難を抱える家庭への支援を行うことである。

・社会的養護の基本的方向は、1. 家庭的養護の推進、2. 専門的ケアの充実、3. 自立支援の充実、4. 家族支援、地域支援の充実。

・児童相談所を中心とした社会的養護は、市町村の児童家庭相談や子育て支援と一連につながるものであり、密接に連携して推進。

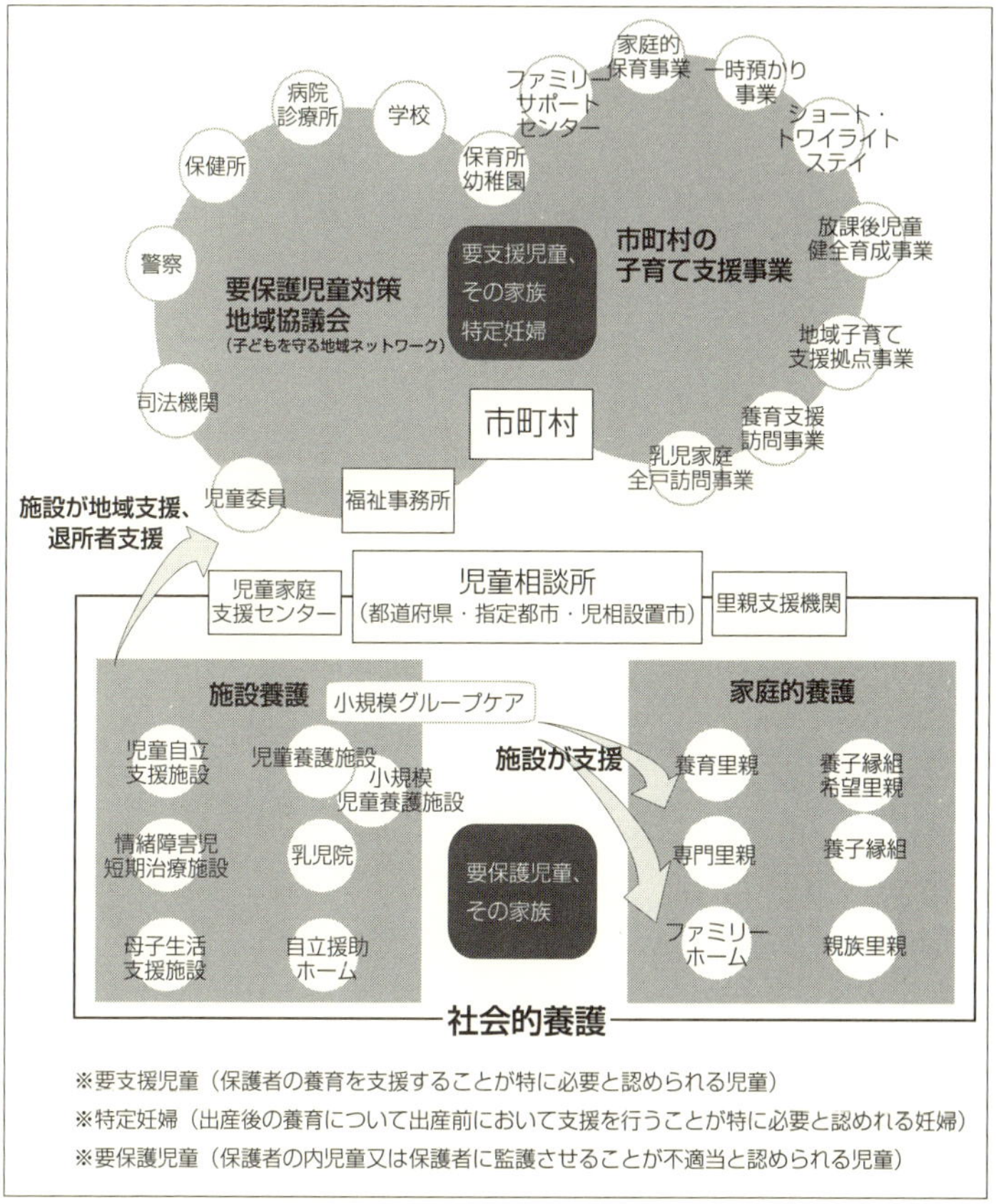
家庭的
保育事業
一時預かり
事業
ファミリー
サポート
センター
ショート・
トワイライト
ステイ
病院
診療所
学校
保健所
保育所
幼稚園
放課後児童
健全育成事業
警察
要支援児童、
その家族
特定妊婦
市町村の
子育て支援事業
要保護児童対策
地域協議会
（子どもを守る地域ネットワーク）
地域子育て
支援拠点事業
司法機関
市町村
養育支援
訪問事業
乳児家庭
全戸訪問事業
施設が地域支援、
退所者支援
児童委員
福祉事務所
児童家庭
支援センター
児童相談所
（都道府県・指定都市・児相設置市）
里親支援機関
施設養護
小規模グループケア
家庭的養護
児童自立
支援施設
児童養護施設
小規模
児童養護施設
施設が支援
養育里親
養子縁組
希望里親
情緒障害児
短期治療施設
乳児院
要保護児童、
その家族
専門里親
養子縁組
母子生活
支援施設
自立援助
ホーム
ファミリー
ホーム
親族里親
社会的養護
※要支援児童（保護者の養育を支援することが特に必要と認められる児童）
※特定妊婦（出産後の養育について出産前において支援を行うことが特に必要と認めれる妊婦）
※要保護児童（保護者の内児童又は保護者に監護させることが不適当と認められる児童）

**図７　社会的養護の基本的な枠組み**

出典：厚生労働省社会的養護検討委員会資料

# 第4章

# 社会的養護への提言

# 私が思い描くこれからの社会的養護

なごやかサポートみらい事務局長　蛯沢　光

## 施設での生活

私は五歳で母と別れて父子家庭となった後、静岡県沼津市にある児童養護施設「松風荘」に兄弟三人で入所しました。松風荘は当時、大舎制で定員一二五名の施設でした。毎日がとても楽しくて、大家族のようでした。

学童期にはいろいろな「体験・経験」をたくさんさせてもらいました。キャンプでの包丁を使った調理や火の扱いなど、今では危険だと言われるようなこともたくさんやりました。季節の行事も形式的ではなく、準備や運営から子どもたちが主体となり、話し合いを重ねてつくりあげていました。その過程での大人との関わりや一緒に何かをつくりあげたという「やらされている感」のない思い出は楽しさと共に記憶に強く残っています。

中学・高校時代は施設での経験で身についたリーダーシップを活かし、学校での行事の運営やボランティア活動などに積極的に参加していました。施設での経験が学校で活きたことで友人の輪も広がり、本当にうれしかったです。

私は小学校から高校までよい先生に恵まれ、将来の夢として教師や児童養護施設の職員を思い描き、大学への進学を考えるようになりました。そのために必要な奨学金への応募及び入学試験のための小論文をこれでもかというくらい毎日書いては直しまた書いてという日々を送っていました。加えて高二から始めたアルバイトで多忙な日々でしたが、多くの人にサポートをしてもらい、やってくることができました。

大学では学生寮に入り、アルバイトを複数かけもちしながら学びました。専門分野として社会的養護のゼミに入り、サマーキャンプで子どもたちと関わったり、当事者の会を立ち上げるなどいろいろなことをやっていました。

大学卒業後は学童保育所に就職をしました。毎日小学生の子どもたちと楽しくやっています。人間関係がとてもよい職場です。

## 自分史をふり返って、今おもうこと

記憶にはないけれど、母親と過ごした乳幼児期で培った「人」としての基盤が自分にはある気がします。それがあったから施設でも安定した生活が送れたのではないかと思っています。今の仕事の中で乳幼児と関わる時にもそう感じます。

学童期に思い切ってチャレンジした体験は後の自分に活きていると思います。施設で大切に育てられ、認められ、自分を好きになると、他人も大切にしたいという気持ちが芽生えてきます。ふり返ってみると、我が子のように本当に大切に育ててもらったんだなと改めて実感しています。

## 母親を探して

ある日、職場の園長先生から「母親を探した方がいいよ」「きちんと整理しておく方がいい」との後押しもあり、戸籍謄本を辿って母親を探し始めました。探して、母親の所在がわかりましたが、母は既に他界していました。そのとき、「探すのがもうちょっと早かったらな」という気持ちになり、涙が込み上げてきました。母との関わりの記憶はありませんが、施設での生活を思い出すと、「生んでもらっていなければあの日々も、今もない」「別々に暮らすまでは育ててくれたんだよな」という気持ちになり、すべてひっくるめて「幸せ」を感じました。

社会的養護の当事者団体である『なごやかサポートみらい』は発足して三年という月日が経ちました。まだまだ未熟な団体ですが、熱い気持ちを持った人たちが本当に多いです。みんなとても前向きでみらいを描いています。

活動の一つに児童養護施設や里親家庭で暮らす高校生対象大学等助成制度説明会があります。この活動は平成二三年度から始まった新たな試みです。やろうと思ったきっかけは、私自身が大学進学をするのに金銭面ですごく苦労したので、少しでもそのことを現場の職員や里親、進学を目指す子どもたちに伝えたいと思ったことと、とにかく奨学金制度について知ってほしいという願いからでした。参加者の感想をいくつか紹介すると、「現在、自分の通っている学校の友達はみんな一般家庭。父子家庭、母子家庭もいない状況で正直なところ不安だった。しかし参加して進学は不可能ではないし、自分と同じように施設にいる子で進学希望の人がこんなにいるんだと思った」「とても有名な奨学金、返還しなければならない奨学金しか知らなかったので大変参考になった。希望が見え、これからは自分の将来について今一度考え直し、自分がなにをしたいのかを見つけていきたい」といったものです。子どもたちは自分の今の率直な気持ちを素直に表現しています。

児童養護施設からの大学進学率は、平成二三年七月児童養護施設等の社会的養護の課題に関する検討委員会・社会保障審議会児童部会社会的養護専門委員会とりまとめによると、一般は五四・三％、児童養護施設は一一・九％、里親家庭は二五・九％となっています。数字だけで判断ができるわけではないですが、あまりにも進学率の差が大きいように感じます。言うまでもなく、経済・金銭的な面や学力面であきらめてしまう子も多いようです。

児童養護施設や里親家庭で暮らす子どもたちが当たり前に進学できるようになるには一体今なにをしなければならないのか私は当事者の立場からいつも考えています。まず施設全体や里親の意識改革は欠かせません。子どもの自立については早い時期から先を見据えて考えていかなければならない重要なことだと思います。大人がいろいろな就職・進学や奨学金に関する情報を知ることで子どもたちにあらゆる選択肢を与え、子どもたちの自己決定に結びつけることができると考えています。まずは知ること、知ろうとすることが大切なのではないでしょうか。

活動していていつも思うことは「自立」の二文字です。自立とはなんだろうか。「自分の力でやれることは自分でやる」ということと「ムリな時は人の力を借りる」ということをセットにしたものだと思います。もっと詳しく書くと、自分と周囲の人のことを大切にし、きちんとした選択・決断を行える正しい判断力を備え、それに伴って生じる結果に責任を持つこと。自分の置かれた状況を正確に把握し、人への信頼感を持ち、適切に人を頼る力を持つことです。

私の好きな言葉に「いつでも、どこでも、だれとでもやれる自分づくり」というのがあります。これが自立ということではないかと思います。

## 私が思い描くこれからの社会的養護

児童養護施設と里親がもっと連携し合って風通しのよい、地域に開かれた施設づくりをしていってほしいと思います。国の方向としては、里親推進、施設は小規模化、ユニット化、地域分散型への移行などが出ています。私は施設でも里親家庭でも子どもは育つと思っています。二者択一でどちらが良いか悪いかといった対立をするのではなく、目の前の子どもになにが本当に必要なのかを考え合っていきたいです。仲良しの大人社会が存在すれば、地域の中で行政も一般の人も巻き込んで新しい社会的養護の形ができるのではないかと思います。

# 退所した子どもたちにできることとは

麦の穂学園　主任指導員　藤田　哲也

児童養護施設の子どもは高校卒業後もしくは（高校に行かない場合は）中学校卒業の時点で自立を促されます。その時点で将来の見通しを具体的に立てなければならず、自らの人生を真剣に考える時間的な余裕のなさや、産まれてきた環境によって多くの困難が生じています。例えば、進路を決める際に保護者が不明な場合は保証人を探すところから始まりますし、住み込みまたは寮生活が必要な子どもたちの場合、選べる職種も限られてしまいます。就職する際の一人暮らしの準備費用や初任給が入るまでの生活費等のお金がかかりますし、進学する場合は生活費以外にも入学金、授業料などあらゆる負担を背負わなければなりません。

四年制大学に進学したA君は多くの奨学金をいただき、新聞奨学生として新聞配達をしながら学費を稼ぎ、大学に通う生活をしていました。半年後「新聞配達の仕事がきつく辞めたい」という相談がありましたが、せっかく苦労して合格したのだからがんばるようにと励ましました。しかし学業と仕事の両立は難しく、人間関係のトラブルも続いたことが原因で、辞めざるを得なくなってしまいました。新しい環境での学業と仕事の両立は精神的な負担も大きかったと思われるので、乗り越えるための継続的な支援が必要だったのかもしれません。

中学校卒業後、定時制高校に通いながら土木作業現場で働いていたB君。知的にはボーダーラインで、自立した生活に不安がある子どもでしたが「自分は障害者ではない！」との強い思いもあり、退所後は工場の仕事をしながら寮での一人暮らしを始めました。しかし生活していた寮にも戻らない日が続いたため、仕事をクビになり、寮を出ていかなくてはならなくなりました。

B君のように「自分で生活できる」と感じている子どもへの自立支援は、非常に多くの課題があります。そこには、子どもの可能性を期待する一方、現時点でその子どもの自立レベルがどのくらいのものかを捉え、本人にどのように認識させるか、また社会資源をどのように活用していくかなど、本当の意味での〝社会生活を営む〟ことについて、幅広い視野で考えていく必要があります。

A君とB君の場合も退所後の関わりを、アフターケアとして施設の責任で行ってきました。しかしアフターケアにかかる費用や時間も施設に任されていますし、職員がアフターケアで抜けてしまった場合のフォローができていないと、施設で生活している子どもに影響を及ぼす可能性もあります。

このように退所する際、そして退所後も多くの関係機関との連携や社会資源の活用、経済的な支援が継続的に必要なのです。これから退所していく子どもたちが社会の一員として安定した生活を送れるように、以下の四点を具体的にまとめました。

1. リービングケアからアフターケアへの専門的職員の配置

施設生活経験者への相談業務が法律上規定されていますが、アフターケアの制度的な保障はなく、退所後関わっていくための専門的な職員配置はありません。そのため、リービングケアやアフターケアを継続的に行えるような専門的職員を早急に配置することが求められます。

2. 障害を抱える子ども、ボーダーラインの子どもへの手厚い自立援助

社会生活でも特に配慮や支援が必要な子どもに対しては、市町村を含めた関係機関がその子どもを地域においてどう支えられるか、社会資源をどう活用できるかを、施設と一緒に検討できるような体制の整備が必要です。

特に一八歳から二〇歳になるまでの二年間は、アフターケアを行いながら精神的・経済的な手厚い援助が求められます。

3. 進学への経済的な保障

大学に進学しても、継続的な支援が少ないため経済的な負担は大きいと考えられます。奨学

金の申請を行っても全ての進学者に保障されているわけでもありませんし、奨学金返済のために借金を背負って就職していかなくてはなりません。独自で基金をつくり援助している施設もありますが、施設間での格差もあるため平等とは言えません。子どもが進学を希望した際、入学から卒業まで経済的な面での継続した支援ができるようにするための公的機関による保障が必要です。

### 4．卒園した子どもが気軽に相談・集える場所の確保と職員同士のつながり

施設生活経験者が集える場所を当事者同士で組織する団体が近年増えてきました（東京、千葉、大阪、名古屋等）。そのような当事者団体や施設が、退所後も不安定な生活を送っている人たちをどのように支援していけるか、明確な体制づくりと、気軽に集える居場所づくりが望まれます。

また、「退所してから施設を訪れても知っている職員がいない」「担当職員は辞めてしまっている」等、職員の異動や退職によって関係が切れてしまうケースもあります。関わってくれた職員が退所しても施設にいることは「いつでも帰ってこられる」「相談できる」といった安心感にもつながります。入所から退所、退所後までトータルで支援していくためには、対応する職員が長く働き続けられる環境の整備と、働き続けられる職場を目指した労働条件の見直し、そして「卒園生の思い」を職員同士がどのように引き継いでいくかを考えていくことも大切です。

## おわりに

退所していった子どもたちが施設に遊びに来て、がんばっている姿を見せてくれたり、職員との思い出や「今だから言えること！」を語ってくれます。仕事を続けて家を新築した人、立派な母親になっている人、保育士になりたいと頑張っている人、私と同じ児童養護施設の職員になって子どもと日々向き合っている人、「先生に叱ってもらってありがたかったよ」と言ってくれた人……。

退所後も関わりを持つことで、私自身の成長や仕事に対してのやりがいにもつながっているのだと気づかされます。そんな関係を大切にしながら、子どもたちと支え合っていける職員でありたいと思います。

# 乳児院における物語の生成

日本児童育成園　乳幼児ホームまりあ
非常勤保育士　千坂　克馬

　乳児院とそこに生活する子どもたちの問題について考えてみます。まず、乳児院とはどのようなところでしょう。たとえば保護者の方が、生活上なんらかの問題に直面して子どもを乳児院に預けた場合、乳幼児期の養護ケースの特徴である問題の一時性の強さから、その問題が短期間で解決することがよくあります。また最終的にそれが困難であるにしても、保護者の方々は通常将来的な家庭引き取りに対して大きな期待を抱いていることがよくあります。そこでの生活は他の生活施設と同様、職員の交替制勤務によって支えられています。

　通常三歳までの記憶は残りにくいと言われています。つまり乳児院で生活する年齢は子どもの記憶に残りません。私たちは日々の生活で紡がれる様々なことを記憶に残しながら、自分の物語を作っていきます。乳幼児期の子どもの物語は独立して存在することはできません。他者との物語に間借りするなどして未来の物語のベースとなります。言葉をしっかり獲得する前の物語は言語に依存しないので、ある出来事に対する自分の理解と、そこで生じた自分の感情、さらにそこから引き起こされる自分自身の行動、そしてその場に居合わせた周りの人たちの対応や意味づけによって構成されることになります。それがうまくいくと自分を取り巻く生活世界に対する興味・関心・安心感につながり、それは自分と相手に対する安定した信頼感にも広がってゆきます。ここで重要なのは、感情やコミュニケーションに依存するところの大きい文脈を支える永続性を持った相手と、理解可能な生活の連続性です。

では、乳児院の子どもたちの場合、どのようにこれらのことが構成されるのかを考えてみましょう。生活場面においてがんばらなければならない、あるいは不安を乗り越えなければならない場合、どれだけ気持ちの支えが得られるのかは大切なことです。それは自分が困った時、誰かが常に自分を支えてくれるという確信に裏打ちされるものであり、これがなければ頑張りも我慢もありません。受身の経験は連続性を持った物語として構成されにくいものですから、物語の成立は、問題を誰と一緒にどう乗り越えていくのかにかかっています。さて、乳幼児期の不安は、食事や入眠など生活場面の切り替わりによく立ち現れるものです。乳児院のように多くの子どもがいる施設で、子どもたちが同時に不安に直面すれば職員は余裕を持って対応することはできません。また不安と調節のプロセスはお互いの関係の中で混乱と受容・制限・見通しの提示がタイミングを見て行われるものであり、それも毎日のやり取りの連続線上にあるものです。つまり個別性が強いものなので、関係性と連続性がどの程度保障されるのかは重要です。このことは子どもの権利条約において永続性の保障が乳幼児の成長・発達において必要であるとして説明されています。これは乳児院の生活における交替性勤務と集団生活の弱い部分が現れやすいところです。

物語は新奇な出来事の意外性とその楽しさによって彩られるものであり、発達初期においては他者との共同作業として行われます。興味につながる意外性は安定した理解・経験の連続線上にあるものなので、子どもがなにかを見たり行おうとした時、あるいは困った時にその子どもに湧き上がった気持ちを職員がどのように受け止め、意味づけることができるのかが重要になります。また、そうした楽しい活動をつくりあげるための時間・空間・職員配置の工夫が重要になります。

職員の物語として考えると、出生の物語を欠いた赤ちゃんがある日突然やってきて、そして退所していきます。その物語は不自然に始まり、また、終わります。乳児院職員は、担当児の退所にあたってなんとも言われぬ虚無感に襲われることが少なくありません。また不連続な勤務と集団生活ゆえに、子どもの混乱の理由がよくわからないまま、それに向き合うこととなります。今、子どもがなにをやりたいのか、どんな不安を抱き、どのような葛藤に直面しているのかがわからないことがあります。つまり担当職員自身、毎日の生活の物語を欠いた中で仕事をすることになります。その結果「自分の仕事はこれでいいのだろうか、なにをやっているのかわからない」と不全感をかかえて仕事を続けることになります。もちろん子どもの成長を見ることができるという喜びもありますが、見逃すことも少なくありません。これを子どもの物語として取り戻すには物語の連続性を保障するためのケース記録、欠落した物語を取り戻すためのケース会議のあり方を工夫しなければなりません。そして職員自身の物語を取り戻すために子どもの興味・活動を育てる設定をどのように工夫したのかという証としての実践記録の執筆が必要です。

保護者の物語として考えると、なんらかの事情で子どもが自分たちの家庭から施設で生活することとなり、そこで物語の断絶が生まれることとなります。子どもの物語は家族の物語の一部ですので、意味づけが困難なことが生じたり、不安定な部分や欠落が生じることになります。だから乳児院と家族の共同作業として自分たちの子育ての物語をつくりあげられるような支援が求められています。

なお、平成二三年六月公示の児童福祉施設最低基準の一部改正の省令により乳児院において一名の職員の増員が認められました。

# 社会的養護を必要とする子どもたちの自立支援の現状と今後の課題

児童養護施設「名古屋養育院」
自立援助ホーム「慈泉寮」　施設長　平井　誠敏

社会的養護を必要とする子どもたちは、家族や親族の調整援助が得られない限り、最終的には児童養護施設等を措置解除され、自己自立を強いられます。児童養護施設においては、昔は法的には現在と変わらず一八歳までの養護ですが、中卒イコール就労自立ということがほとんどでした。昭和四九年に、ようやく児童養護施設から高校へ進学する費用（特別育成費）が付けられ、高校進学率が徐々に高まってきました。平成元年には児童自立支援施設も特別育成費の対象となりました。今日では児童養護施設からの高校進学率は九三％を上回り、データ的には、ほとんどの子どもたちが高校へ進学していることになっています。昔は中卒後の進路について考えなければならない時代がありましたが、現在では高卒後の進路を考えていかなければならない時代になってきています。しかしながら、高校進学率は高まってきたものの、なんらかの理由で高校中退してしまう子どもたちも多くいます。また、知的障害や発達障害など何らかの障害を抱えた子どもたちも多く、児童養護施設で生活している間は支援を受けられますが、その後の出口の部分で困惑してしまうことがあります。子どもたちも大変きつい状況に陥り、行き場を失い途方に暮れてしまうこともしばしばあります。ですから継続した支援が必要になり、リービングケアからアフターケアに至る力量が問われてきます。施設職員だけの力量だけでは難しい部分もありますので、支援が必要な子どもたちを取り巻く資源や機関とのネットワークも大事になってきます。児童養護施設退所後の行き場を失った子どもたちの資源としては自立援助ホームがあります。自立援助ホームでなんとかステップを踏める子どもたちもいますが、結局二〇歳未満までの措置ですので、その後の支援が必要になってくる子どもたちも多くあります。このような現状から、心理担当職員や個別対応職員・家庭支援専門相談員などの専門職員配置や自立援助ホームの措置費制度化など、これまでも少しずつ国の施策も図られてはきていますが、まだまだ不足している部分を強化していく必要があります。

自立支援について言えば、施設での日常生活そのものが自立支援となっていくわけですが、家庭復帰できない子どもたちは一八歳まで施設生活を送り、最終的に就労もしくは大学等進学かの選択になります。そこからが、はじめの一歩になります。児童養護施設から大学等へ進学するには、かなりのお金と自分自身の覚悟が必要になってきますので、ほとんどの子どもたちは就労の道を選択しています。よって、児童養護施設からの大学進学率はわずか一三％（一般では六三％）に過ぎません。中には、大学への希望を持っている子どもたちもいますが、最初からお金もなく厳しい状況を考えると、断念してしまう結果になっているのが現状でしょう。

このような現状から、少しでもそれぞれの希望がかなえられるように施策の充実と支援はもちろんのこと、社会的養護を必要とする子どもたちが虐待や家庭での様々な出来事を少しでも乗り越え、施設での生活の中で安心と安全を感じながら、大人（援助者）とのよりよい関係性を築き、心身ともに健康に育って、社会の多くの壁にぶち当たりながらも将来的には生まれてきてよかったと思える自分になってもらえたらと思います。

ここへ来て、厚生労働省も早いスピードで社会的養護・家庭的養護の将来像を示し、子ども子育てビジョンの数値目標や予算的な措置を考えてきています。里親制度の見直しやファミリーホームの設置促進・施設の小規模化・自立支援の強化などがあげられます。特に自立支援の部分では、支援が必要な子どもについては一八歳から二〇歳までの措置延長を極力利用していくことや、自立支援担当職員を配置させ、子どもたちの進路や就労支援・アフターケアを強化していくこともあげられています。また、就職支度費や大学進学支度費などの充実や、就職に必要な各種資格取得費用についても考えられています。いずれにしろ、子どもたちのために最善の利益が図られ、我々施設職員がよりよい質をもって支援することにより、最終的には子どもたち自身がどう受け止め、気持ちをもってやれるかにかかってくると思います。子どもも施設職員も一緒になって先の将来を考えながら道を進んでいける、失敗を経験しながらもそれをステップにしていける、人的にも物的にも環境的にも整備された支援援助体制が築きあげられることを望んでいます。先には、施設人員配置などの課題が山積されていますが、この課題についても支援者が余裕をもって十分な対応ができ、子どもたちと極力近い距離で向き合っていけるような配置基準となり、切れ目のない支援・援助が図られ、子どもたちの将来につながるように検討がなされることを期待します。

# わたしの考える社会的養護

名古屋市中央療育センター所長　牧　真吉

社会的養護という言葉はよく聞いていましたが、その正確な定義を知らないままにきていました。それでまず定義を調べてみました。社会福祉審議会児童部会社会的養護専門委員会のとりまとめにあった定義を持ってきました。「社会的養護とは、保護者のない児童や、保護者に監護させることが適当でない児童を、公的責任で社会的に養育し、保護するとともに、養育に大きな困難を抱える家庭への支援を行うこと」とありました。わたし自身も概ね似たように考えてきましたので、このまま先に進みます。

一般的な家庭における養育がこれに対置されています（上記の文書から家庭的養護とは、社会的養護のうち、里親や分園型を指していました）。この文集にもありますように、みんなと同じように親元で育つことにあこがれを持ち続けるのは、こうした社会の文化による影響が大きいのでしょう。わたしたちは、子どもは親元で育てられるものと思っています。それがうまく機能しないために、社会的養護が行われていますから、できるだけ早く本来の育つ場である家庭に戻ることが望ましいと考えています。国もこれはお金のためが大きいのでしょうが、家庭復帰の促進ということを唱えています。この発想をしている限り、施設にいることは不幸であると言っているようなものです。最初から不幸な子どものための不幸な対応法という筋書きができています。こうした考え方が社会の中で共有化され、文化となっています。わたしが変えたいのは、この文化そのものです。

子どもは、少し大きくとらえるならば、人は、決して家庭においてだけ育つわけではありません。人が育つのは社会の中においてです。その意味で、すべての人に必要なことが社会的養護ですと言い換えたいのです。

児童相談所でさまざまなケースを目にしてきて気がつくことは、養護相談に来る人で里帰り出産をした人はほとんどいないことです。下の子どもを出産するのに、上の子を預けにくるのが児童相談所のお客さんの典型例です。今の核家族化を考えると、働きながら、または母親が一人で何人もの子どもの世話をする余裕がほとんどありません。もちろん、公務員や大企業に勤めているならば、出産前後に父親も休みを取ることができます。核家族でもこうした人たちは、預けにくることがありません。実際は里帰りを出来る環境にあるのでしょう。「里」という現代においてもなんとかつながりが維持されている社会システムを持つ家族は、社会につなぎ止められています。この最後の砦を失った家族には、なにが残されているのでしょうか。

社会は子どもを育てるためにいろいろな政策を打ち出していますが、すべての職場でそうした施策を利用できるわけではありません。今でも出産により退職を求められる職場はあることでしょう。子どもを育てることは、企業にとってはまだまだもうけにならないと考えてしまう方が多いでしょう。子どもを育てることが社会の役割であるという文化は育っていません。子どもは親が育てるものと思っている人々が大半でしょう。それを推し進めた発想が、男が社会で働いて、女は家庭を守るという考え方でした。まさに、子どもは家庭で母親に育てられるべきだという固定観念を極地まで進めてしまった考え方でした。

そして今、行き詰まりに突き当たってきていると思いませんか。今のような核家族になって支えられる社会がなくては子どもが育つことが難しいのです。社会が、子どもを支える、すなわち、子どもを育てる人（家庭でも施設でも）を支えることが必要になってきています。もはや家庭による、厳密には家庭だけによる養護は不可能です。しかし、実態は「もはや」ではなく、家庭だけで社会の支えがなくて子どもを育てることのできた時代は未だかつてなかったのです。わたしたちはここのところを誤解してきました。子どもは家庭によって立派に養育されてきているし、子どもの育ちはすべて親の責任だと誤って認識してしまったのです。この誤りに気がつくべき時に至ってきました。わたしたちにとっては社会的養護を取り戻すことが必要とされている時だと認識しています。

施設も家庭と同様に社会によって支えられる必要があります。施設までも児童虐待と訴えられるかもしれないという影におびえながら養育するなど、言語道断のことです。施設も虐待通報される対象になりましたことは、皆さんもよくご存じだと思います。虐待通報されないための養護に成り下がってしまう可能性があります。成長するために、ギリギリの危険を子どもとともに乗り越える養育者を減らすことにならないことを祈念します。

育つとは、少しずつ大人の社会に近づいていくことです。大人になって突然に、危険を取り払う護り手から離されてしまうのでしょうか。大人になるために、大変なことをどのように乗り越えていったらいいのかを体験的に身につけることが育ちではないでしょうか。こうした危険な体験を乗り越える力を身につけることができるようになるためには、直接の養育者の力だけでは不足してきてしまいます。直接の養育者を支える社会があることを社会的養護と言い換えることができるようになりたいと考えています。すべての人がなんらかの意味で子どもを育てることに関わっている社会という意味に広げて社会的養護といい、特別な子どもの養護論でないようにしたいと考えます。

あえて施設のこととするならば、施設を社会が認知し、支えること、と一言追加をしておきます。

# 機能障害をもち、かつ養護性のある子どもたちの社会的な支援の充実を

日本福祉大学教授　木全　和巳

現在、私は、ある知的障害児施設の施設長の許可を得て、児童養護施設から措置変更されてきた子どもたちのケース記録を丹念に読み込む作業をしています。こうした作業を通して見えてきたことは、現在の児童養護施設では、知的機能障害のある子どもたちをていねいに支援していくことにかなりの困難があるということでした。そして、措置変更されてきた知的障害児においても、職員の努力にもかかわらず、こうした子どもたちへの支援には、多くの困難があるということです。どちらの施設も、職員数の少なさ、専門性の担保、居住スペースの狭さなど、養育環境条件に不十分さが見られます。

措置変更理由はおしなべて、知的機能障害があるために現在のまま児童養護施設で生活していくのは困難であると、児童養護施設の職員の側から意見が出され、児童相談所の方もこうした意見を受けとめての措置変更となっています。時期的には、中度の知的に遅れがある子どもたちは小学校入学時に、軽度の知的に遅れのある子どもたちは中学入学時に、それぞれ措置変

更がされることが多いこともわかりました。ほぼすべてが虐待ケースでした。母親にも、知的な障害が見られ、生育過程において家族のなかの不適切な養育や出会った男からの暴力、性産業の被害などが目につきます。重い連鎖を見てとることができます。

このような実態であるにもかかわらず、『社会保障審議会児童部会社会的養護専門委員会報告書』（二〇〇七年一一月）を読むと、「施設類型の見直しに当たっては、障害者自立支援法附則第三条の規定に基づく見直しが障害児施設について行われることを踏まえ、その動向に十分留意しながら検討を進める必要がある」と「基本的考え方」のところに出てくるのみで、本論の「施設機能の見直し」のところでは、なにも触れられていません。先送りにされました。養護と障害の事業者団体が、一緒になって「社会的養護」の枠組みを議論していく仕掛けと仕組みをつくることができないままです。

障害者自立支援法により、知的障害児施設は、基本的に「利用契約」制度となりました。そのために大きな混乱と困難を抱えたままです。二〇一一年の「障がい者制度改革推進本部等における検討結果を踏まえて障害保健福祉施策を見直すまでの間において障害者等の地域生活を支援するための関係法律の整備に関する法律」による児童福祉法改正では、ていねいに議論されることなく、従来の知的障害児施設や盲ろうあ児施設などが一括して障害児入所支援という枠組みになりました。職員配置基準は、基本的に従来のままです。児童養護施設と同様に心理指導担当職員が配置されるなどは、わずかな前進です。改正後のあり方として「重度・重複障害や被虐待児への対応を図るほか、自立（地域生活移行）のための支援を充実」を謳っていますが、困難なケースの実態から見ると、この条件ではていねいな支援ができるとは思えません。児童養護施設には配置されているファミリーソーシャルワーカーすら配置されていないのですから。

障害者自立支援法廃止後の基本となる『骨格提言』においても「地域生活重視と小規模化」が触れられているのみです。現場が必要としている虐待など養護性のある子どもたちへの支援の重要性については、触れられていません。知的障害児施設の実態を調査し、困難ケースの検討もしつつ、性と生の支援を中心に職員の研修もしてきた立場からすると、まともな実態の把握ができておらず、こうした事態を解決するような「提言」になっていないように思われます。社会養護の施策と障害者への施策の谷間に置かれたまま、置き去りにされています。

現在、私は、副代表として、『障害児にとっての入所施設をよくする会』（代表峰島厚、事務局豊里学園）の活動に取り組んでいます。知的障害など、発達に遅れやもつれがあると子育てはむずかしく、虐待につながる可能性がより出てきます。専門的な療育相談とともに具体的なショートステイなどによる子育て負担の軽減なども、入所施設には求められます。職員たちは「一人の人間として、施設で暮らす子どももも働く職員も誇りがもてる児童福祉施設づくり」実践を軸に、運動をはじめています。

この「よくする会」の研究成果として、障害児入所施設研究会（二〇一一）『知的障害児入所施設における最低基準の機能実態に関する調査研究』（みずほ財団研究報告書）をまとめました。ほぼ二〇〇〇年を境にして、入所児の実態が、中高生年齢層の増加、五年未満の入所児の増加、軽度者の増加といった特徴が表れてきます。この増加層が、「虐待」「保護者の養育能力」という要因による利用者で、児童養護施設からの措置児童を含みます。入所児のうち「帰省なし」が全国調査でも三四％、私たちが行った大阪府下の調査では四八％にもなりました。一方で、二〇歳以上の重度重複障害（全国七％、府下一三％）、強度行動障害（全国七％、府下一三％）の人たち、子どもたちも、養護性と軽度の障害のある子どもたちと一緒に生活をしています。こうした実態が、生活場面における支援を困難にしているのです。

基本的な提言としては、「利用契約制度」ではなく公的責任を果たす「社会契約制度（措置制度）」を原則とすること、したがって、食費などの利用料は廃止すること、日払いの単価ではなく月払いとして、かつ、職員の専門性が確保できるような単価にすること、職員配置基準を日常的に少なくとも子ども三人に職員一人の割合で支援できる基準にすることなど、小手先の改革ではなく、子どもの権利条約などの理念にもとづく、まっとうな改革が求められます。

# おわりに

この本は、二〇〇七年に子どもたちに書いてもらった作文集『しあわせな明日を信じて』の続編です。これまでの他の作文集と異なり、乳幼児から青年期、施設生活経験者等、様々な年代の方に書いていただいた本です。また、単に作文を掲載するだけではなく、書いてくれた乳児・幼児・児童および卒園生の入所までの経緯、家族状況、入所児の気持ち、変化、発達等を、子どもに関わった職員に、子どもの生活状況も含めて書いていただいた本となっています。

今回の二〇一〇年の作文では、三年前の二〇〇七年の時と同じ子どもに引き続き書いていただきました。書くことができない子や当時担当であった職員が退職等されていた場合には、現在の担当職員に聞き取りあるいは近況報告をお願いしました。まだ乳児院等で生活している幼児さんには担当職員が生活の様子を語ってくれています。児童養護施設で現在生活をしている子どもたちも、今回は担当職員から見た生活の様子が書かれているケースが多くあります。施設を出て社会生活を送られている方は、三年ではあまり変化はないかもしれませんが、近況を書いてくれています。今回はどうしても書くことができないが、次回には書いてくれると連絡をくれた方もいます。たった三年間で子どもたちの中には現代社会の荒波の中で押し流されてしまって悩んでいる人もいましたが、やがて、次の三年・六年後には元気な姿で続編を書いてくれることを期待したいと思います。そういう意味では児童養護施設で育った多くの子どもたちの自立は自分で切り開いていかなくてはなりません。そんな子どもたちは一般家庭の子どもより大変な人生を歩んでいることが想像されます。今後もそんな子どもたちにスポットをあて、大人や社会がどう支援していくかを考える本になればと思っています。

二〇一〇年の末に、全国的なニュースになった「タイガーマスク」を名乗る寄付が社会現象となり、児童養護施設が注目を集めました。児童養護施設が全国的に認知され、人の暖かな心ある物品、お金などが施設に届けられました。厚生労働省の児童養護施設等の社会的養護の課題に関する検討委員会では、今後の社会的養護について現在の大舎制児童養護施設の小規模化、地域小規模児童養護施設、養育里親、ファミリーホームへの積極的な転換を含めた内容を柱とした提言が出されています。養育里親やファミリーホームについては若干増えてきていますが、まだまだ十分に広がらない現状があります。また、「学校給食費が払えない」「修学旅行費が払えず参加できない」「大学進学の費用」など、子どもをとりまく貧困問題が諸問題に上がっております。「金銭的な貧困」「物質的な貧困」「心の貧困」などがあると思います。さらに、児童養護施設入所児童の六割近くが被虐待児とも言われています。「虐待事件」は身近な家庭の密室の中で起こっています。これまでの生活の中で傷つき、その傷をいやすには、時間と人と環境が必要です。多くの方にこの本を読んでいただき、それぞれがそれぞれの場でできることからはじめてほしいと願っています。

今回、続編の出版に際して、三年前にご協力してくださった施設、職員、作文を書いていただいた本人に手紙と電話等で再度お願いしましたが、前回にご協力いただいた施設で、施設長さんの個人的な考えからか、協力を得られなかったケースがありました。前回と同様にプライバシーに配慮して施設名、子ども、職員の名前も仮名にすることを伝え、理解を得るために電話や手紙でお願いをしましたが、今回は協力を得ることができませんでした。施設でのいろいろな諸事情があったことと思いますが、施設で生活をしている子どもたちがどのように成長発達をしているのかを知っていただく本にしようと、編集委員会では二〇〇七年に書いていただいた全員に、と努力しましたが、残念でした。

前回は二三名の方に書いていただきましたが、三年後の今回は十五名の方に協力を得ました。今回書くことのできなかった方の事情は、職場を変わられて連絡が取れない、仕事が忙しくて机に向かって書くことができないので今回は辞退したい、担当職員が退職をされて引き継ぎがなかったので書けない、書きたいと努力しましたが今回はどうしても書くことができなかった等でした。次回には書いていただけることを期待したいと思います。作文を書いてくださった本人をはじめ担当職員、施設長さんには、インタビューにも快く受けていただき、また施設の多くのご協力をいただいて完成することができました。

今回三年後の作文集を発行するに際して、三年前との内容を少し変えまして、編集させていただいています。今回は作文だけでなく入所施設の高校生および施設生活者の座談会も要約して掲載させていただいています。さらに全国の高校生と職員にお願いをしましたアンケートの回答も入れさせていただいています。そして最後の章には、児童養護施設の施設長さん、児童相談所、障害児を専門とされている研究者、乳児院、および社会的養護当事者の方から各々の立場からご提言をいただきました。本書が、児童養護施設の現状と将来のあり方に少しでも貢献できればと考えています。次回では二〇〇七年に書いていただいた全員の方にまた書いていただけるように今から準備をしていきたいと考えています。

最後に、本書に充実した内容を掲載することができましたのも、独立行政法人福祉医療機構より作文集発行の趣旨をご理解いただき、平成二二年度福祉医療機構社会福祉振興の助成金をいただきましたお陰です。あらためてお礼を申し上げます。さらに、続編の発行を快く引き受けてくださいました福村出版石井社長はじめ、編集を担当いただいた小川史乃さんにお礼を申し上げます。

作文集『しあわせな明日を信じて 3』は、また三年後に発行する予定です。また多くの皆さまのご協力をお願いいたします。

今回お世話になりました全ての方に感謝いたします。

編集代表　長谷川 眞人

# 監修・編著者紹介

## ●監修

**長谷川　眞人**（はせがわ　まさと）
NPO法人こどもサポートネットあいち理事長。名古屋市若松寮、愛知県立大学、日本福祉大学勤務後、現職。編著書に『子どもの援助と子育て支援——児童福祉の事例研究』（ミネルヴァ書房）、『新子どもの問題ケースブック』（中央法規出版）、『子どもの権利ノートの検証——子どもの権利と人権を守るために』（三学出版）など。

**吉村　譲**（よしむら　ゆずる）
愛知東邦大学人間学部准教授。児童自立支援施設、児童相談所などで従事したのち、児童福祉施設の心理職員になる。現在は大学教員の傍ら、児童福祉施設で心理職員としても関わっている。編著書に『児童養護施設でくらす「発達障害」の子どもたち——理解と支援への手掛かり』（福村出版）など。

**吉村　美由紀**（よしむら　みゆき）
東海学院大学健康福祉学部講師。児童養護施設及び児童家庭支援センター勤務、児童相談所の嘱託相談員、日本福祉大学社会福祉実習教育研究センターでの勤務等を経た後、現職。著書「児童養護施設における大学等進学の課題——高校生・職員の意識調査から」『子どもと福祉 Vol.4』（明石書店）など。

## ●編集委員

NPO法人こどもサポートネットあいち
千坂　克馬（ＮＰＯ法人こどもサポートネットあいち副理事長、
日本児童育成園乳幼児ホームまりあ非常勤保育士）
蛯沢　　光（社会的養護当事者の会なごやかサポートみらい事務局長）

●執筆者（執筆順）

蛯沢　　光（編集委員）
藤田　哲也（麦の穂学園主任指導員）
千坂　克馬（編集委員）
平井　誠敏（児童養護施設名古屋養育院・自立援助ホーム慈泉寮施設長）
牧　　真吉（名古屋市中央療育センター長）
木全　和巳（日本福祉大学教授）

●編集協力

中村　國之（乳幼児ホームまりあ園長）
平井　誠敏（執筆者）
伊藤　貴啓（名古屋芸術大学）
岩田　正人（名古屋文化キンダーホルト）
大学生・児童福祉施設職員の養成講座 2010 年度受講生
小木曽 彩乃（なかよしこよし）・赤羽 志保（長野県社会福祉協議会）・鍛治屋 沙織（名古屋市立あけぼの学園）・苅谷 梨華（南山寮）・柴田 実穂（ゆうりん）・安藤 かずみ（一般企業）・藤田 里奈（障害者施設）・日比 友加里（滋賀県瀬田北小学校教員）・鈴木 愛（風の色）・岩田 麻里（中日青葉学園）・河野 遼（名古屋文化キンダーホルト）・河合 美奈（樹心寮）
大学生・児童福祉施設職員の養成講座 2011 年度受講生
西本 美穂（椙山女学園大学）・肥後 敬（日本福祉大学）・長谷川 慧史（日本福祉大学）・原 みのり（名古屋学芸大学）・石原 達也（日本福祉大学）
愛知東邦大学吉村ゼミナール
仲口 大貴・細尾 翔平・水上 稔貴・持山 真

●カバー・本文イラスト

しのはずり

しあわせな明日を信じて 2
——作文集　乳児院・児童養護施設の子どもたち 3年後の便り——

2012年4月25日　初版第1刷発行

監　修　長谷川 眞人　吉村 譲　吉村 美由紀
編　集　ⓒ NPO法人 こどもサポートネットあいち
発行者　石井 昭男
発行所　福村出版株式会社
〒113-0034　東京都文京区湯島 2-14-11
電話 03-5812-9702　FAX 03-5812-9705
http://www.fukumura.co.jp
印刷・製本　シナノ印刷株式会社

Printed in Japan
ISBN 978-4-571-42043-6　C3036
乱丁本・落丁本はお取り替えいたします。
★定価はカバーに表示してあります。